全民健身与智能体育融合发展研究

陈　科◎著

吉林出版集团股份有限公司
全国百佳图书出版单位

图书在版编目（CIP）数据

全民健身与智能体育融合发展研究 / 陈科著 . -- 长春 : 吉林出版集团股份有限公司 , 2023.4

ISBN 978-7-5731-3283-3

Ⅰ . ①全… Ⅱ . ①陈… Ⅲ . ①全民健身—研究—中国 Ⅳ . ① G812.4

中国国家版本馆 CIP 数据核字 (2023) 第 087138 号

全民健身与智能体育融合发展研究

QUANMIN JIANSHEN YU ZHINENG TIYU RONGHE FAZHAN YANJIU

著　　者	陈　科	
责任编辑	祖　航　林　琳	
封面设计	李　伟	
开　　本	710mm×1000mm	1/16
字　　数	210 千	
印　　张	12.75	
版　　次	2023 年 9 月第 1 版	
印　　次	2023 年 9 月第 1 次印刷	
印　　刷	天津和萱印刷有限公司	

出　　版　吉林出版集团股份有限公司
发　　行　吉林出版集团股份有限公司
地　　址　吉林省长春市福祉大路 5788 号
邮　　编　130000
电　　话　0431-81629968
邮　　箱　11915286@qq.com
书　　号　ISBN 978-7-5731-3283-3
定　　价　77.00 元

作者简介

　　陈科　男，毕业于河南大学体育学院，教育学硕士，副教授，国家级健美操指导员，河南省优秀社会体育指导员，河南省"优秀教练员"。现任中原工学院足篮排教研室主任、学生课外体育及体质健康测试中心主任。研究方向：体育社会学。主持省级课题 3 项，厅级课题 4 项，参与省、厅级课题 7 项；发表论文 16 篇，其中核心期刊论文 6 篇。获得全国多媒体大赛三等奖；全国高等院校团体操编训成果视频评选大赛二等奖；河南省教育信息化一等奖、河南省教育厅科研论文二等奖；中原工学院教学成果一等奖；河南省"华光"高校健美操团体总分二等奖；河南省大学生科技文化艺术节一等奖。

前　言

21 世纪是一个高速发展的时代，人们的生活水平得到了明显的提升，同时，人们也进入了快节奏生活的时代，因此，保持一个健康的体魄，养成一个健康的生活方式成为人们追求的目标。正是在这样的环境下，大众健身运动成为人们生活中必不可少的一部分。目前，我国关于大众健身运动的理论与实践研究有的部分并不是十分完善，同时我国国民健身体系也存在一些不足之处。这在一定程度上影响了我国大众健身服务行业的发展，也在无形中在一定程度上制约了我国大众健身运动的开展。

随着互联网信息技术的快速发展，科技逐渐融入各个行业，并对其发展产生了重要的影响，体育行业亦是如此。因此，不断优化科技信息技术在体育行业中的应用、加大对智能体育行业的监督力度是实现全民健身与智能体育融合的必要措施。

现阶段，物联网、大数据等得到了全面的发展，智能体育产品逐渐进入了人们的生活，并为人们的身体健康提供了一定的帮助。2021 年 3 月 13 日，我国颁发了《第十四个五年规划和 2035 年远景目标纲要》，其中提到了推进数字化、智能化改造和跨界融合。近年来，我国加快了数字中国的建设步伐，随着我国数字化建设的深入开展，各种新业态、新服务以及新模式涌现出来。在数字化时代，体育行业正朝着家庭化、数字化以及智慧化的方向发展。从某种意义上来讲，体育信息化和数字化转型已经成为当今时代发展的基本要求。

本书共分为五个章节：第一章为全民健身，主要从新时代特征"以人民为中心"理念，全民健身的概念、背景，全民健身的内容、分类、特征，全民健身的发展现状及趋势四个方面展开论述；第二章为智能体育，主要围绕智能体育的概述、5G 技术特征与助力智能体育优势、智能体育教育、智能体育服务四个方面展开论述；第三章为全民健身中智能体育的应用现状，依次介绍了体育健身 App 在全民健身中的应用、智能穿戴设备在全民健身中的应用、GIS 在全民健身中的应用三个方面的内容；第四章为全民健身与智能体育融合的途径，依次介绍了互联网与全民健身的融合、智能体育与全民健身公益事业的融合两个方面的内容；第五章为新时代河南全民健身智能化创新发展，包括四部分内容，依次是新时代全民健身与体育河南建设政策及背景、河南省全民健身政策分析、河南省全民健身的问题与对策、新时代智能体育背景下的河南全民健身创新发展研究。

在撰写本书的过程中，作者得到了许多专家、学者的帮助和指导，参考了大量的学术文献，在此表示真诚的感谢。由于作者水平有限，书中难免会有疏漏之处，希望广大同行及时指正。

陈科

2022 年 10 月

目　录

第一章 全民健身

本章主要从全民健身展开研究，从四个方面进行论述，分别是新时代特征"以人民为中心"理念，全民健身的概念、背景，全民健身的内容、分类、特征以及全民健身的发展现状及趋势。

第一节　新时代特征"以人民为中心"理念

从当前我国全民健身治理的理论与实践中，可以看出中国共产党始终坚持以人民为中心的理念，将人民的幸福放在首位，全心全意为人民服务，这也是我国全民健身事业可持续发展的根本原因。自党的十八大以来，我国进一步加强"人民至上"的理念，将全民健身提升至国家战略的高度，积极为人民构建完善的全民健身公共服务体系，同时也推动我国全民健身治理朝着现代化的方向发展。《中共中央关于党的百年奋斗重大成就和历史经验的决议》文件的颁发，不仅强调要加快体育强国的建设进程，全面开展全民健身运动，而且也为全民健身工作的开展与治理提供了行动指南。

一、"以人民为中心"体现全民健身治理现代化特质

（一）全民健身治理现代化的价值基础——人民利益

人民的利益是中国共产党人开展一切活动的行为准则。全民健身治理现代化的实现具有重要的意义，它不仅可以为人民群众创造现代化的健身环境，也可以维护人民群众参与体育的权利。保障人民参与体育的利益是开展全民健身治理的根本立足点，这一点既存在于我国体育事业发展的过程中，也存在于我国全民健身治理现代化的过程中，因此，它在我国全民健身现代化治理中具有十分重要的作用和意义，是推动我国全民健身治理现代化的关键所在。我国制定全民健身的战略旨在提升全国人民的身体素质水平，进而提升人民群众的健康水平，这在一定程度上体现了党和国家对全国人民健康水平的深切关注。

（二）全民健身治理现代化的主体基础——人民力量

"党同人民群众的血肉联系，决定着党的事业成败。党的根基在人民、血脉在人民、力量在人民。"[①]"历史什么事情也没有做，正是现实的、活生生的人在创造这一切。"[②]在体育事业发展的过程中，中国共产党始终坚持以人民为中心，并

---

① 习近平. 习近平谈治国理政（第 1 卷）[M]. 北京：外文出版社，2018.

② 马克思，恩格斯. 马克思恩格斯文集（第 1 卷）[M]. 北京：人民出版社，2009.

将为人民谋求利益当作是体育事业发展的目标是取得一切成就的关键。也正是由于"以人民为中心"而唤醒了人民大众，全民健身治理才得以不断完善，并呈现出美好的发展前景。从某种意义上来讲，全民健身在我国体育事业发展中具有十分重要的意义，它是我国实现体育强国的前提与基础，同时也是实现健康中国的基础。实现全民健身治理现代化是推动全民健身事业发展的根本目标。进一步树立以人民为主体的思想，需要我们将全民健身事业发展的规律与人民主体地位结合起来，不管是营造公平正义的法治环境、构建全民健身协同治理的格局，还是提升全民健身智慧化水平、营造全民健身传统文化等，都需要借助人民的力量，只有充分借助人民的力量，才能逐渐建成与现代化相适应的全民健身公共服务体系。

（三）全民健身治理现代化的制度建设基础——人民参与

全民健身运动的开展是为了人民，同时也要依靠人民，因此，我们除了要建立利益共同体之外，还要建立行动共同体。只有广大人民群众积极参与到全民健身运动之中，并在此基础上与之深度融合，才能提升全民健身治理水平，在这个过程中，人们的健身意识、健身意愿都会得到不同程度的提升。党的十八大以来，我国陆续出台了许多有关全民健身运动的文件，如《"健康中国 2030"规划纲要》《关于促进全民健身和体育消费推动体育产业高质量发展的意见》等，目前，我国已经形成了比较完善的体育政策法规体系，这些制度为我国全民健身运动的开展提供了良好的保障，激发了人民群众参与全民健身的积极性，为形成稳定的全民健身群众基础作出贡献。[1] 顺应人民的参与意愿，引导人民进行体育实践是促进全民健身事业持续发展的必然途径。通过人民群众的广泛参与，也势必会引起全民健身治理现代化的改革。

（四）全民健身治理现代化的动力基础——人民需求

全民健身"以人民为中心"的理念，势必要求其要不断满足人民的需求，并且这也是全民健身事业发展永恒不变的主题。随着社会经济的飞速发展以及互联网信息技术的发展，人们对全民健身运动的需求也发生了相应的变化，并呈现出多元化、智慧化、个性化等特点，因此，满足人们日益增长的多元化需求成为我

---

[1] 国家体育总局. 新中国体育 70 年（综合卷）[R]. 北京：人民出版社，2019：13.

国全民健身治理现代化的重要内容之一。[①]"十四五"对我国全民健身运动的开展作出新的指示，在规划中明确了我国全民健身的发展路线及目标。与此同时，规划也将人民群众作为我国全民健身运动开展的核心，并将人民群众的利益放在首要位置，不断满足人民群众的体育健身需求，为人民群众的健康保驾护航。

二、"以人民为中心"彰显全民健身治理现代化的优势

（一）"以人民为中心"体现了人民的主体优势

将人民群众看作党和国家工作开展的中心，并将其利益放在重要的位置，不仅可以使党员时刻牢记初心，不忘使命，也会使其目标理想变得更加庄重。从根本上来讲，无论是提升全民健身的治理水平，还是促进全民健身治理现代化，都是为了让人们获得一个健康的身体和愉悦的心情，使人们有一个幸福的生活，进而得到全民的发展。人民群众在全民健身治理现代化中具有十分重要的作用，同时也扮演着多重角色，即全民健身治理现代化的对象、参与者、推动者。正是因为这一方面的原因，也凸显了人民群众的重要作用，人民群众为全民健身治理现代化提供了动力、信心、希望与自觉。因此，我们在全民健身治理现代化进程中，应充分发挥人民群众的主体作用，打造并完善以人民群众为核心的"人人参与、人人尽力、人人享有"的新格局。与此同时，要不断完善城乡全民健身公共服务体系的覆盖范围，加快城乡智慧体育的建设与发展。此外，在制定全民健身治理现代化决策、政策、方针时，应将人民的根本利益作为其最根本的制定标准。

（二）"以人民为中心"是检验全民健身治理现代化的标准优势

"人是历史活动的主体，历史不过是追求着自己目的的人的活动而已。"[②]自中国共产党成立以来，始终将人民的利益放在首位，并保持党和人民利益的一致，这也是中国共产党开展工作的出发点和落脚点。全民健身治理现代化在我国体育事业发展中具有十分重要的作用，具体表现在以下几个方面：第一，它是实现我国体育发展"五位一体"整体布局以及"四个全面"战略的重要途径；第二，全

---

① 陈丛刊.体育治理体系和治理能力现代化的内在逻辑、构成要素与实现途径 [J].体育学刊，2020，27（06）：46-50.

② 马克思，恩格斯.马克思恩格斯文集（第 1 卷）[M].北京：人民出版社，2009.

民健身治理现代化在一定程度上反映了我国"立党为公、执政为民"的政策方针；第三，全民健身治理现代化是让我国越来越多的人享受体育治理成果的必经之路。在上文的分析中，我们提到人民群众在全民健身中扮演的角色，因此，人民群众应当成为全民健身治理现代化的评价者。在全民健身治理现代化进程中，要解决好以下几个方面的问题：一是全民健身供需问题的矛盾，二是全民健身发展的资金问题，三是全民健身市场作用机制问题，四是全面健身融合发展的问题。当然，在我国全民健身发展过程中，我们还要解决其他的问题，总之，在我国全民健身发展过程中，始终要将人民群众的利益放在首位，不断满足人民群众日益增长的健身需求，进而实现全民健身治理现代化。

（三）"以人民为中心"让人民获得幸福感是实现优势

中国共产党在实现马克思主义中国化，促进治理体系、治理能力现代化的进程中，高度宣扬实践理性主旋律，将获得感、幸福感、安全感三者放在同一高度，这在无形中体现了人民向往美好生活的整体性。首先，在全民健身治理现代化的过程中，要充分考虑城乡、地域、项目以及人群之间的差异，创新全民健身的理念、方式及路径，从而提升人民的获得感。其次，在人民群众间开展丰富多彩的群众性体育活动，不断提升人民的体育消费水平，同时还要丰富全民健身活动的文化内涵，提升人民幸福感。最后，完善并落实全民健身中的各项惠民政策，从而有效保障人民的身心、身体健康，提升人民的身体素质和生活质量，进而让人民获得安全感。我国依靠人民的力量，不仅推动了我国全民健身事业的发展，也获得了历史性的成就，这在一定程度上成为新时代强大的体育力量。"一切为了人民"——为了让人民有一个健康的体魄，为了让人民过上幸福的生活，为了让人民见证民族复兴等，这是中国共产党的坚定信念和崇高理想，也是我国全民健身事业持续发展的根源。

三、"以人民为中心"指明全民健身治理现代化的实践路径

（一）加强党对全民健身治理的全面领导

坚持党的全面领导对于全民健身事业具有重要的意义，它既确保人民群众可以享受全民健身治理成果，也为全民健身治理现代化的实现提供了强有力的保障。

第一，把党对全民健身治理现代化的全面领导贯彻于全民健身事业发展的始终。从具体上来讲，我们需要进一步加强党对全民健身治理的全面领导机制的完善，尽最大的努力来发挥党的宏观把控以及协调的作用。与此同时，我们还要不断优化我国全民健身治理的顶层设计，并在此基础上发挥党在全民健身中的其他作用，如政治领导力、群众组织力以及思想引领力等。除此之外，还要充分发挥党在我国全民健身运动发展中的战斗力和创造力。

第二，借助高质量的党建来指引我国全民健身治理现代化的发展。从具体上来讲，在我国全民健身治理现代化过程中，可以借助我党高质量的政治、思想、组织等建设来为我国全民健身治理工作保驾护航，同时我们也可以用党的思想理论与实践来武装我国全民健身实践活动。除此之外，中国共产党还要发挥自身在全民健身治理中的积极作用，扮演好领路人、守护人的角色，为我国全民健身治理现代化工作的开展创造良好的环境。

第三，重视基层党政干部在全民健身治理中的作用。通过探索基层"标准化""魅力式""活力式""社会式"党建，推进县（市、区）、乡镇（街道）、行政村（社区）三级公共健身设施和社区15分钟健身圈全覆盖，使体育公园、健身步道、健身中心方便可达，从而为我国全民健身治理现代化提供强有力的政策支持，并为其提供良好的发展环境。此外，还为我国全民健身治理现代化提供强大的科技支撑和广阔的发展空间。

（二）坚持人民至上，不断促进人的全面发展

"人民至上"是百年来党领导人民在进行伟大奋斗中积累的宝贵历史经验[①]。从某种意义上来讲，我国全民健身治理现代化的价值和目标是实现好、维护好、发展好人民群众最根本的体育利益，进而促进人的全面发展。

第一，一切为了人民，完善全民健身治理格局。我们要树立以人民为中心的体育健身治理观念，积极构建为人民服务的服务型政府，并将满足人民的基本体育健身需求放在首位，并在此基础上将"为人民健身需求，为人民健康负责"作为政策制定的基本标准。不断激发各级市场和社会的发展动力，构建"五社联动"的全民健身基层治理框架，推动实现全民健身治理全地域覆盖、全周期服务、全

---

① 人民出版社编. 中共中央关于党的百年奋斗重大成就和历史经验的决议 [M]. 北京：人民出版社，2021.

社会参与以及全人群共享。

第二,一切为了人民,释放全民健身治理活力。积极开展多种形式的全民健身赛事活动,如线上与线下、传统与新兴、群体与竞技等,同时,在开展这些赛事活动时也要充分调动人民群众的积极性,发挥其智慧和力量,使其积极参与其中。目前,我国经常参加体育锻炼的人数一直在增加,预计在 2035 年将会达到 6.3 亿人以上。[1] 我们要充分发挥人民群众在全民健身治理中的主动性与参与性,并使其成为全民健身治理现代化的重要贡献者。

第三,一切成果由人民共享,体现全民健身治理价值。统筹、协调好城乡和不同人群之间的全民健身协调发展工作,最大程度上实现体育资源分布均衡、群众广泛参与,并为人民群众创造一个公平的体育参与环境。自 2015 年至 2021 年 10 月,在冬奥会申办成功的影响下,我国每年参与冰雪运动的人数逐渐增加,其参与率达到了 24.56%,人数高达 3.46 亿,人们参与冰雪运动的情绪空前高涨。[2]

(三)加强全民健身治理的国家法治体系建设

我们要将全民健身纳入国家法治体系,以此为我国全民健身事业的发展提供良好的法治保障。

第一,健全规范全民健身的法律法规体系。每年的 8 月 8 日原为我国"全民健身日",《体育法》修订将其更改为国家体育节。同时,这部法律也对一些有关体育的专属名词做了修订,如将"社会体育"改为"全民健身"等。此外,该法律也增加了"全民健身国家战略"的条款,这在无形中将全民健身提升至国家战略的高度,也夯实了其在我国体育发展中的地位。另外,国家也应支持地方政府结合自己的实际情况,制定有关全民健身治理的地方性法律法规,以此来推动地方全民健身的发展,促进全民健身治理朝着制度化、规范化、精细化的方向发展。

第二,充分发挥我国相关法律法规在全民健身治理中的促进作用。在我国全民健身治理工作开展过程中,我们应注重全民健身治理与其他领域的协同发展,并在此基础上借助其他相关领域的法律法规来完善、丰富我国全民健身治理的内涵与外延。如在全民健身治理过程中,我们可以利用《公共文化服务保障法》等法律法规来加强对我国全民健身治理的指导。此外,我们也要鼓励其他领域、

---

[1] 数说全民健身 [N]. 中国体育报,2021-07-01(3).

[2] "带动三亿人参与冰雪运动"调查主要数据结果 [N]. 中国体育报,2022-01-13(3).

行业出台"全民健身+"的相关法律法规，从而使全民健身治理融入经济发展之中。①

第三，加大依法推进全民健身治理的实施力度和监督力度。如果想要优化全民健身治理工作的开展，就需要出台与全民健身治理检测、评估相关的法律法规，从而为各级体育部门、项目协会以及事业单位的监测评估提供依据。

（四）实现全民健康与全民健身的深度融合

全面健身是我国实现"两个一百年"和中华民族伟大复兴的健康基石，也是建设健康中国的压舱石。

第一，优化二者深入融合的体制机制。我国全民健身治理工作的开展不仅是体育部门的事情，还涉及其他部门，如卫生健康部门、教育部门等，为此，我们要加强这些部门之间的联系，并在此基础上形成协同联动机制，同时在国家的引导下逐渐形成运动促进健康服务体系。②另外，充分利用现有的基层医疗条件，鼓励并支持基层社区医疗卫生机构设置科学健身门诊。例如，近年来温州运动医学中心为三万多人提供了体质检测、运动康复等服务，十分值得我国其他地区借鉴学习。

第二，营造二者深度融合的社会环境。为了让更多的人参与全民健身活动之中，我们要加强全民健身理念的宣传力度，将"运动是良医""运动治未病"等思想理念传播给更多的人，让所有人都知道运动的好处。我们可以借助手机 App、短视频、自媒体等方式，开展空中科学健身指导课堂讲座。这样的宣传方式可以取得很好的宣传效果，如 2021 年北京市针对全民健身开展了为期三天的线上全民健身科学指导大讲堂，这期间共直播 6 场，观看人次累计 459.5 万，此次全民健身活动宣传活动收到了良好的社会反响。③

第三，实现二者深度融合的精准化供给。需要结合当前全民健身的实际情况，创新二者深度融合的服务系统，并借助大数据平台建立个人健康档案，从而形成

---

① 于善旭. 从提倡到保障到战略：新中国 70 年全民健身事业的依法推进与提升 [J]. 体育学刊，2019，26（05）：1-8.

② 卢文云，陈佩杰. 全民健身与全民健康深度融合的内涵、路径与体制机制研究 [J]. 体育科学，2018，38（05）：25-39.

③ 抓住北京冬奥机遇，推动全民健身和体育强国建设 [N]. 北京日报，2021-08-09（1）.

"社区—单位—家庭"网络化的健康检测体系。此外，还要加强体、医、卫的复合型人才培养，同时积极开展"运动健康师"试点工程。

（五）落实健康中国战略和加强体育强国建设

全民健身是实现健康中国与体育强国的坚实基石。要将保障人民健康放在国家战略发展的首要位置，并用全民健身治理现代化的成效来撰写"健康中国""体育强国"的伟大篇章。

第一，打造高水平的全民健身公共服务体系。场地是开展全民健身运动的前提与基础，因此应积极完善全民健身场地设施，为人民参与全民健身运动提供基础保障。与此同时，还要深入关注全民健身场地设施方面的问题，如"场地设施好不好"等，不断优化、完善现有的场地设施，满足人民大众的健身需求。另外，还要丰富全民健身体育赛事活动，结合本地区的实际情况，大力推广"我要上全运""全国社区运动会"等活动，并在此基础上打造"一城一品"的全民健身体育赛事风格。除此之外，还要不断健全全民健身社会组织网络，加强基层全民健身组织基础，充分发挥社会体育指导员在全民健身中的作用，让更多的人了解健身知识，并制订科学的健身计划。①

第二，促进全民健身智慧化建设。不断完善全民健身的治理方式，并将全民健身智慧服务作为目标，努力推进"互联网＋物联网＋全民健身"数字体育工程的建设，满足广大人民群众的健身需求，与此同时还要办好全民健身网络赛事活动。在 2020 年春节期间，抖音短视频平台推出了"居家健身抖出花样"的活动，其播放量高达 9.5 亿次，这也创造了群众参与度的新纪录。②构建全民健身多元资金的投入机制，出台相关的优惠政策，以此来吸引企业、组织、个人积极参与智慧体育的建设之中。例如，"苏体通"，这是一个全民健身信息服务平台，是苏州市体育总会联合企业共同开发的，目前该平台服务的人次超过了百万，为推动苏州市全民健身运动的开展起到了积极作用。

第三，共同推进体育领域中各项事业治理的现代化。不断完善并丰富全民健

---

① 马杰华，舒为平，王佳.西部城市全民健身组织网络与效能提升研究——以陕西省西安市为例[J].体育学刊，2021，28（01）：85-90.

② 体育总局发出春节号召：居家健身和网络健身赛事"亮"出来[N].中国体育报，2021-02-09（1）.

身战略的内涵，以"大体育"的观念来体现全民健身综合治理的意义，从而提升全民健身治理现代化的地位。[①] 回顾在党的领导下，全民健身事业走过的光辉道路，中国共产党依靠人民，创造了令世人瞩目的辉煌成就，今后也要依靠人民群众，克服困难，夺取全民健身事业新的发展胜利。时刻将人民置于内心至高无上的地位，用"江山即百姓，百姓即江山"和"我将无我，而不辜负百姓"的豪迈宣言，一步一脚印推进全民健身治理现代化事业的发展，继续开启新的征程、不断走向新的高度，写出对得起历史、对得起时代、对得起人民的全民健身治理现代化的靓丽篇章。

第二节 全民健身的概念、背景

当前，全民健身已经上升到国家战略地位的高度，全民健身的持续推进对运动者个人以及整个国家与民族的发展均具有重要的促进意义。随着我国社会经济的不断发展和人民生活水平的不断提高，人们对追求更高质量的生活有了更进一步的需求。全民健身活动能有效提高广大人民群众的健康水平和生活幸福感，符合广大人民的健康发展需求，具有持续推广实施的必要性。本节从全民健身的基本理论知识进行全面系统阐释，帮助人们更全面、立体地了解全民健身的发展与开展。

一、全民健身的概念

（一）健身

早在古代社会时期，无论是西方国家，还是东方国家，人们均认识到锻炼身心、强健体魄的重要性。西方国家和东方国家的人们对健康的追求方式不同，东西方健身有着各自的一套完整的理论体系。

我国传统体育养生，又被称为"保生""卫生""养性""道生"等。"养生"一词最早出现在《庄子》内篇之中。养生中的"生"主要是指生存、生命、生长之意；"养"主要是指补养、调养、保养之意。我国古代"养生"类似于现代医学

---

① 刘盼盼．新发展理念下体育强国建设方略探讨 [J]．体育学刊，2019，26（01）：32-35.

所说的保健，具有健身的意义。

古代西方崇尚健康的人体美，古希腊奥运会就能很好地说明这一点。古希腊的体育教育从某种意义上说就是一种人体美的教育。在古希腊教育体系中，体育健身内容丰富，包括赛跑、角力、混斗、游泳、骑马等各种类型的体育项目。古希腊人重视体育健身，这也是古代奥林匹克运动会在希腊诞生的重要原因之一。古希腊人对人体健康与健美的追求不仅表现在体育活动中，也表现在雕塑、建筑、绘画等艺术中。

20 世纪八九十年代，"健身"一词才开始出现。此时，人们将健身理解为除了医疗相关手段之外，其他的一些为了更好地保证人体健康所采用的方法和手段，这些都属于健身的范畴。通过体育运动的方式来健身，即成为"运动健身""体育健身"。

近现代，我国学者对"健身"概念有不少研究。林建棣指出："健身这个命题的含义是建设人的身体，或健全人的身体，或增强人的体质。"（《体育健身指南》）毕春佑认为："健身的含义是建设人的身体或健全人的身体，也可以说是增强人的体质。"（《健身教育教程》）朱金官认为："健身指通过一定的身体锻炼来强健体质。"（《健身健美手册》）

现代意义上的健身是为了促使身体健康进行的一系列有目的性的活动，既包含古汉语中"养生"的含义，也包含"发展身体""增强体质"等词语的含义。

（二）全民健身

"全民健身"是指全体人民增强力量，柔韧性，增加耐力，提高协调，控制身体各部分的能力，从而使人民身体强健。它的提出旨在鼓励全国人民积极参与体育锻炼，以提高体育健身意识、提升身体素质水平。

1995 年，我国颁布了《中华人民共和国体育法》（简称《体育法》），与此同时，在 1995 年国务院也颁布了《全民健身计划纲要》，该纲要的颁发主要是为了推动我国全民健身运动的开展，并逐渐提升人民群众的身体素质，为我国社会主义现代化建设奠定基础。《全民健身计划纲要》中明确指出："为了更广泛地开展群众性体育活动，增强人民体质，推动我国社会主义现代化建设事业发展，特制定本纲要。"[1] 其目的是引导全国人民积极参与体育锻炼，以增强"人民体质"。

---

[1] 全民健身计划纲要 [J]. 中国学校体育，1995（05）：8-9.

当前，我国广大人民群众的健身意识强烈，健身热情高涨，已经逐渐形成了新时期具有"中国特色的大众体育"。具体包括以下内容：

①全民健身法规法律与组织。

②全民健身设施与资源。

③全民健身活动与内容。

④中国社会体育指导员、各类人群健身。

⑤全民健身效果评价。

⑥全民健身的国际借鉴。

二、全民健身的背景

（一）国际背景

在国际范围内，关注大众健康是在 20 世纪 50 年代开始的。第二次世界大战以后，各国社会经济逐渐恢复，人们生活水平逐渐得以恢复。在生产、生活得到基本保障的基础上，人们有了进一步的体育健身发展性需求。

1948 年 6 月，联合国第一届世界卫生大会正式成立世界卫生组织，将每年的 4 月 7 日定为世界卫生日。

20 世纪 70 年代以后，由发达国家开始，爆发了全球范围内对人类健康发展的激烈讨论。这一时期，国外发达国家的经济平稳、快速发展，民众闲余时间增多，再加上工业化和现代化快速发展，民众身体劳动减少以及营养过剩和运动不足等原因，使发达国家的文明病多发，健康问题由此受到关注。

20 世纪 80 年代以后，国家之间促进民众健康的交流与合作日益增多。

1985 年，国际奥委会设立了"大众体育委员会"。

1986 年，"世界大众体育大会"首次在德国法兰克福组织召开。

1989 年，第 11 届世界健康大会在加拿大多伦多举行，有多个国家提出大众体育目标。

1990 年 5 月，芝加哥举行世界大众体育健康与营养大会，这时世界范围内发展大众体育的国家已近 100 个。

1993 年 6 月，国际奥委会和世界卫生组织签订双方合作备忘录，指出双方合作的核心是全民体育和全民健身。

1994年，世界卫生组织参与"国际大众体育联合会"组织，并在第五届世界大众体育大会中提出"2000年体育为人人，健康为人人"的口号。

21世纪以来，人们的健康问题更加得到关注，世界卫生日历年的主题大多都与健康密切相关（表1-2-1），世界大众健身与健康问题日益普及。

表1-2-1　世界卫生日历年主题（2000—2022年）

年份	主题
2000	安全血液　从我开始
2001	精神卫生——消除偏见　勇于关爱
2002	运动有益健康
2003	创建未来生活　让儿童拥有一个健康的环境
2004	道路安全　防患未然
2005	珍爱每一位母亲和儿童
2006	通力合作　增进健康
2007	国际卫生安全
2008	应对气候变化，保护人类健康
2009	拯救生命，加强医院抵御紧急情况的能力
2010	城市化与健康
2011	抗生素耐药性：今天不采取行动，明天就无药可用
2012	老龄化与健康，口号是"健康相伴，活力常在"
2013	降压让生活更美好
2014	病媒传播的疾病
2015	食品安全
2016	应对糖尿病
2017	关注抑郁症
2018	全民健康覆盖：每一个人，每一个地方
2019	全民健康覆盖
2020	支持护士和助产士
2021	建设一个更公平、更健康的世界
2022	我们的地球，我们的健康

近年来，世界卫生组织一直强调全民健康覆盖，并指出到2023年，计划全民健康覆盖新增十亿人。全球大众健身观念已经形成。

（二）国内背景

1. 国内背景概述

自 1949 年以来，党和国家领导人一直都很重视体育事业的发展，从注重国民体质增强到重视竞技体育发展再到关注民生健康，以及推广全民健身，反映了我国体育发展重心的变化。

体育健身在我国社会大众中受到关注和普及，与我国的社会经济发展大环境有着非常密切的关系。社会经济的发展促进了人民生活水平的不断提高，人们在满足日常物质需求之后有了更进一步的健身需求。

改革开放以来，我国国内的政治、经济、文化、体育等的发展都有了很大的改变。人民的生产生活方式、社会需求等也发生了很大的改变。

1984 年，中共中央发出《关于进一步发展体育运动的通知》，指出我国未来体育发展的指导思想、主要任务和科学举措。

1995 年 3 月，国务院总理李鹏同志在全国八届人大三次会议上的政府工作报告中指出："体育工作要坚持群众体育和竞技体育协调发展的方针，把发展群众体育推行全民健身计划，普遍增强国民体质作为重点。"[1] 大众体育健身走入人民的日常生活。

1995 年 8 月 29 日，我国颁布《中华人民共和国体育法》（简称《体育法》），以法律明确了人民的体育参与权利，至此，我国体育进入法制社会发展时代。

20 世纪 90 年代以来，我国经济快速发展，休闲对人们的日常生活产生了非常重要的影响，人民的休闲健身观念也日益增长，体育健身的文明休闲方式得到推崇。

进入 21 世纪之后，我国体育事业发展迎来了春天，我国国民经济得到快速全面的发展，人民群众的生活水平也得到全面的提升，与此同时，人民群众对生活质量的要求也越来越高，越来越多的人参与到体育运动之中。

为了进一步明确我国体育产业的发展及其未来的改革目标，我国于 2000 年颁布了《2000—2010 年体育改革与发展纲要》，该纲要的颁布在一定程度上强化了我国体育产业在国民经济中的地位。

2007 年，中国共产党十七大报告中提出，要广泛开展全民健身运动。全民健

---

[1] 中国体育年鉴编辑部编辑. 中国体育年鉴 1996[M]. 北京：中国体育年鉴社，1999.

身是开展全国体育工作的要求，也是我国体育发展的重要指导思想。

2014年，《国务院关于加快发展体育产业促进体育消费的若干意见》指出，将全民健身上升为国家战略[1]。

2016年，为进一步提高全民族的身体素质和健康水平，《全民健身计划（2016—2020年）》颁布实施，提出全民健康是经济社会发展进步的重要标志，是全体人民增强体魄、拥有幸福生活的基础保障[2]。

2017年，党和国家的重要领导人加强了对民生问题的关注力度，并在许多重要的场合提出要时刻关注人民健康的问题。党的十九大报告指出，"人民健康是民族昌盛和国家富强的重要标志。要完善国民健康政策，为人民群众提供全方位全周期健康服务"[3]。

随着我国全民健身运动的开展，其影响逐渐扩大，越来越多地区的人参与其中，为此，我国国务院办公厅于2019年印发了《关于促进全民健身和体育消费推动体育产业高质量发展的意见》。全民健身与经济发展紧密融合，在促进广大人民群众健身与健康消费方面发挥着积极的促进作用。

1949年以后，随着我国健身观念的逐渐深入，国家对全民健身持续加大推广和发展力度。在新的历史条件下，我国先后实施多项法律和法规，确保人民群众参与体育运动，推动大众体育健身事业稳步向前发展。

为了进一步实现国富民强，我国积极发展群众体育，大力推广多元化的体育健身运动，实施全民健身计划，并结合我国大众体育健身的发展情况，不断调整全民健身计划的目标和方向。当前，我国大力发展全民健身，并在政治、经济、环境等方面都提供了强有力的支持。

2. "健康中国"的提出

"健康中国"的提出与中国梦的思想一致，"人民幸福"是中国梦的基本内涵和范畴，全民健身是实现身体健康和实现幸福生活的重要内容[4]。全民健身是

① 国务院关于加快发展体育产业促进教育消费的若干意见 [J]. 辽宁省人民政府公报,2014(20): 5-11, 24.
② 国务院关于印发全民健身计划（2016-2020 年）的通知 [J]. 西宁市人民政府公报,2016（06）: 3-8.
③ 上海师范大学 .2017 年中国健康城市研究报告 [M]. 上海：上海教育出版社, 2018.
④ 于永慧 . "全民健身"与"健康中国"的理论阐释和政策思考 [J]. 北京体育大学学报, 2019, 42（02）: 25-35.

健康中国建设的战略基础、有力支撑。"健康中国"的提出将全民健身纳入其中，二者相互促进与融合，在新时期真正为人民群众的健康生活与幸福生活谋划，为我国国富民强与实现民族伟大复兴奠定健康基石。

（1）"健康中国"提出的背景

1949年以后，我国社会各个方面都有了一定的发展，国民健康水平也在不断提高。

自改革开放之后，我国的社会经济得到快速的发展，在这样的环境下，我国的卫生健康事业也得到较好的发展，同时广大人民群众的健康水平也有了明显的提升。随着工业化、城镇化、人口老龄化进程的加快，我国居民对生活水平有了更高的要求，国家开始关注民生、解决民生问题，各种民生健康问题也受到广泛关注与重视。

当前，快节奏的社会生活，使民众饮食结构、生活方式、工作方式、出行方式等都发生了很大改变。为普及健康知识，增强人民体质，提高人民健康生活水平与生活质量，我国构建"健康中国"的需求十分强烈。

2008年，为积极应对我国主要健康问题和挑战，卫生部启动"健康中国2020"战略研究，对我国健康事业发展作出了全面分析，具体报告如下：

①《促进健康的公共政策研究》。

②《药物政策研究》。

③《公共卫生研究》。

④《科技支撑与领域前沿研究》。

⑤《医学模式转换与医药体系完善研究》。

⑥《中医学研究》。

"健康中国2020"战略研究提出"健康中国"的战略思想，为"健康中国"政策的推出提供了决策参考和建议。

（2）"健康中国"的正式提出

2015年10月29日，中共中央发布了《中国共产党第十八届中央委员会第五次全体会议公报》。在医疗健康领域，明确了推动"健康中国"的以下五大战略：

①建立更加公平、可持续的社会保障制度。

②深化医药卫生体制改革，实行医疗、医保、医药联动。

③实施食品安全战略。

④促进人口均衡发展，全面实施"两孩"政策。

⑤积极开展应对老龄化行动。

"健康中国"全面且高度地概括了 2016 年全国卫生与健康大会的会议精神，"健康中国"的提出旨在实现"两个一百年"的奋斗目标，并为实现中华民族伟大复兴奠定健康基础。从具体上来讲，"健康中国"主要包含以下几个方面的内容：

①健康是促进人全面发展的必然要求，是社会发展的重要基础。

②推进健康中国建设，要坚持中国特色卫生与健康发展道路。

③坚持正确的卫生与健康工作方针，将健康融入政策，人民共建共享。

④坚决贯彻预防为主方针，减少患病人群。

⑤重视少年儿童健康，全面加强学生卫生与健康工作。

⑥重视重点人群（妇幼、老年人、流动人口）健康。

⑦倡导健康文明的生活方式，树立"大卫生""大健康"观念。

⑧加大心理健康研究、科普与服务工作。

⑨切实解决影响人民群众健康的突出环境问题，建设健康、宜居、美丽家园。

⑩贯彻食品安全法，完善食品安全体系。

⑪牢固树立安全发展理念，健全公共安全体系。

⑫深化医药卫生体制改革。

⑬振兴中医药，促进中西医协调发展。

⑭完善人口健康信息服务体系建设。

⑮积极参与国际上健康的相关研究和谈判。

（3）"健康中国"的行动部署

为了持续推进"健康中国"政策的开展，我国先后颁布了多个文件来积极落实"健康中国"各项工作的开展。

2016 年 10 月，中共中央、国务院印发了《"健康中国 2030"规划纲要》。

2019 年 7 月 15 日，我国国务院印发了《国务院关于实施健康中国行动的意见》，在该意见中强调要成立国家级别的健康中国行动推进委员会，并为此印发了《健康中国行动（2019—2030 年）》。

2019 年 7 月 15 日，国务院办公厅印发《健康中国行动组织实施和考核方案》，指出要建立健全组织架构。

上述一系列政策与措施的出台与实施为未来中国的健康、持续发展指明了方向与具体发展措施。

第三节　全民健身的内容、分类、特征

一、全民健身的内容

（一）大众健身

1. 个体体育健身活动

个人健身是指个体自主参与体育健身活动，通过参与体育活动增进自身身心健康，获得丰富的体育休闲深化、愉悦身心、促进身心健康发展。

目前，我国全民体育健身活动排名靠前的有长走、跑步、羽毛球、游泳、足篮排球、乒乓球、体操、登山、舞蹈、台球、保龄球、跳绳。

伴随着全民健身运动的不断深入发展，新的体育健身项目不断涌现，我国大众健身体育项目内容不断丰富，竞技性、娱乐性的项目，传统养生类的体育运动项目都有其固定的参与人群，且人数不断增多，有很多人在日常健身中从事多个体育运动项目。

2. 群体体育健身活动

在所有体育锻炼项目中，集体性健身活动参与最多的五个体育项目为健身健美操、武术、秧歌、交谊舞、广播操。

随着全民健身运动的不断深入发展，一些新的大众体育健身项目开始出现。例如，太极柔力球，它将太极拳的技术和思想同羽毛球相结合，深受广大中老年健身人群的喜爱。再如，针对老年男子缺少锻炼项目的特点，上海市某一社区设计了一套老年拐棍操，运动形式新颖、简单、易操作，群众参与反映良好。

（二）商业健身

在我国全民健身事业发展如火如荼的情况下，体育健身市场发展态势良好，商业健身服务业（简称商业健身）市场广阔，竞争激烈。

商业健身与个人健身最大的不同点在于：商业健身是由健身者进行健身消费，健身场所提供健身服务，并有专门的健身场地、器材，以及健身教练进行指导；个人健身是个人自发参与体育健身活动，自学、自练。

商业健身服务是大众体育的重要组成部分，地位同公益性的大众健身事业是相辅相成的。

目前，我国商业健身充分迎合了上班族的健身需求，同时对高消费层次人群的科学健身提供有效、专业的指导和服务。主要有以下几方面特点：

①健身服务目的为增强体质。

②参与锻炼者具有一定经济实力。

③健身者能得到及时、个性化、科学的健身指导服务。

④健身场地器材和健身环境较好。

⑤商业健身企业以营利为目的开展健身服务。

⑥参与健身的人需要投入相对较大的经济成本。

⑦商业健身者与企业对体育场地、器材、服务、环境要求较高。

当前，在我国商业健身活动项目和内容中，操类课程最受欢迎，排在第一位，其次有普拉提、动感单车、自由力量练习、跆拳道、有氧功率跑台等。在高收入人群中，高尔夫运动参与人数较多。

（三）健身竞赛

体育竞赛的开展有助于扩大体育影响，使更多的人关注体育运动，增强体育意识，参与体育健身。

推广全民健身，并非排斥竞技体育，二者发展并行不悖。在全民健身活动开展中，可以通过组织群众体育运动竞赛的方式，扩大体育运动影响，激发群众参与体育的积极性与主动性，有助于让更多的人关注和参与全民健身活动。

现阶段，通过组织竞赛促进我国大众体育发展已经成为一个有效的途径。目前，我国影响广泛的综合性健身赛事有"全国体育大会""民族传统体育运动会"等。单项健身赛事有全国门球比赛、全民健身路径比赛、全国舞龙和舞狮比赛等。我国大众体育竞赛各个年龄阶段的赛事都有。

借助于竞技体育赛事开展的良好势头，也可有效提升国民参与体育的热情，如在 2008 年奥运会的举办之后，我国体育人口在奥运会举办年以及之后几年的增长速度都是非常显著的。2022 年，我国举办冬奥会，使得近两年冰雪运动健身走入大众日常生活，"带动 3 亿人参与冰雪运动"的愿望有望实现。

群众体育赛事能为我国全民健身营造一个具有良好氛围的体育健身环境。组织和开展群众健身竞赛是促进全民健身的重要和有效途径，也是全民健身的重要组成内容。

二、全民健身的分类

在各方的努力下，经过不断发展，当前我国全民健身内容丰富、种类多样。依据不同的分类标准，可以将全民健身活动内容分为不同的种类，详见表 1-3-1。

表 1-3-1 全民健身的分类及内容

分类标准	全民健身内容
活动内容	球类、田径类、操类、舞类、武术类、游泳、体育游戏等
健身者性别	男性健身活动、女性健身活动
健身者年龄	少儿健身项目、青年健身项目、中老年健身项目
活动组织规模	个体健身活动、集体健身活动
目标优先级	体育休闲类（如滑雪、潜水、跳伞等）、休闲体育类（如球类运动等）
体育消费	低消费健身、中等消费健身、高端消费健身
是否使用器材	无器械健身、轻器械健身、器械健身
运动强度	小强度健身、中等强度健身、大强度健身
健身范畴	广义的健身（包括锻炼活动、体质检测、运动竞赛等）、狭义的健身（身体锻炼活动）

三、全民健身的特征

（一）全民性

全民健身的主体是全体人民群众，这是全民健身全民性的最主要体现。

全民健身以广大人民群众为宣传和普及对象，坚持以人为本，将福利带给广大人民群众，确保人们享有平等参加体育的权利，使其在体育活动中感受乐趣，人人都能从体育健身中受益。

（二）自愿性

自愿是人们参与全民健身必须遵循的一个最为基本的原则，这也是全民健身的重要特征之一。

具体来说，任何人和任何组织机构不得强行安排个体参与体育运动，或要求健身者必须参与哪一项或者哪几项体育运动项目，即在参与全民健身活动方面，公民的行为不会受到任何人和任何手段的强制。

全民健身的"自愿性"原则是与学校体育、军队体育的"强制性"原则相对提出的，在军队体育和学校体育中，军人和学生必须按照军队和学校规定参与体育活动的锻炼、训练及教学，军人必须参加体育训练提高体能素质，学生必须参与学校的体育课程教学完成学习任务。全民健身则不具有这样的强制性，民众自愿参与。

（三）个体性

个体性是全民健身的一个重要特点。在个体参与体育健身的过程中，结合个人实际选择体育运动项目、运动负荷、运动时间及运动频率等。

全民健身虽然倡导每一个人都应该参与其中，但由于人与人之间身体条件、性别、年龄、锻炼基础都不一样，因此，体育健身参与要充分结合自身的情况和特点来进行。从不同年龄段的人参与体育健身来讲，老年人在追随年轻人走路时，如果运动负荷一样，老年人就会有一些力不从心，这是由于他们的年龄和身体条件等客观因素所决定的。因此，参与健身活动一定不能"随大流"，要因人而异还要结合个人实际突出个体性。

（四）广泛性

全民健身的推广与普及范围非常广泛，全体人民都能参与进来。无论年龄、性别、阶层、种族和民族等，任何人都能够参与全民健身中来。在人民群众体育参与性方面，没有任何一种文化形式能够与这种全民参与的群众性体育相媲美。因此，全民健身表现出了最显著的广泛性。

（五）娱乐性

体育运动最初是从运动游戏发展来的，具有娱乐性。全民健身是一种良好的健身习惯与生活方式的群众性体育健身，有助于促进大众体育文化生活的丰富，让人身心愉悦。

健身是人民群众参与体育的基本目标。全民健身活动的开展应该坚持健身性与娱乐性相结合，让人民群众在体育健身的过程中享受快乐，提升幸福感。

现代社会竞争逐渐加剧，使人们不得不努力提高自己。在工作和生活之余，人们也利用自身的闲暇时间来"充电"，不断努力地提高自身素质。体育健身能有效缓解人们生活和工作压力，同时又能有助于提升人们生活幸福感与工作效率，其活动的娱乐性彰显十分重要。如果健身内容和形式枯燥，缺乏吸引力，则不能吸引人参与其中。

全民健身的娱乐性，对于激发具有健身欲望的潜在体育人群参与体育健身活动具有非常重要的促进作用。人民群众在自己的休闲时间参加各种体育健身活动是一种放松，如果没有娱乐性，健身就会成为一种负担，且很难长期坚持。

（六）系统性

第一，开展全民健身活动，要关注增强人民体质的所有相关要素，如体质检测活动、体育文化宣传活动、运动中的社交活动、体育竞赛活动等。全民健身工作的开展不应仅限于体育健身发展方面，还要与大众体育健身相关的其他行业发展结合起来，如此才能为全民健身的开展提供支持，全民健身才能持续推进。

第二，全民健身虽然具有自愿性、娱乐性，但并不代表群众可以随意选择体育健身项目与运动负荷，健身必须要有计划、有目的，科学系统地开展，如此才能收到良好的体育健身效果。通过体育健身促进自我身心健康发展，必须要系统科学地安排健身过程，这需要健身者不断提高自身体育素养，科学制订健身计划，合理控制健身运动负荷。锻炼计划是经过认真思考后所安排的具体锻炼，有锻炼计划和无锻炼计划对锻炼效果是有重要影响的。

第三，个人科学的体育健身参与和全民健身的持续推进，需要有系统的参考依据与标准。全民健身效果如何，需要检测，否则健身就具有一定的盲目性。因此，我国提出了对全民健身有重要参考与促进作用的国民体质检测计划，国民体质检测与大众健身活动息息相关。当前，我国大众体育健身活动、健身指导和体质检测仍然处在脱节的状态。长期以来，很多人参与健身缺乏必要、科学的效果检测标准参考和程序，以及关于对锻炼效果的检测与评价。一些健身者一直注重的是对运动技术、速度、柔韧、力量、耐力、灵敏等的评价，忽视对健康体能的检测与评价，也忽视对健康指标的选取，这是用竞技体育"指标"评价大众体育，是不对的。

在全民健身活动的持续开展和推进过程中必须要抓好每一个工作环节，任何一个环节出现问题或者发展不足，都不会收到好的健身效果。

（七）科普性

科普性是全民健身的重要特点，也是推动全民健身持续发展的一个重要基础。全民健身是一个系统的工程，要实现这一工程，必须要加强对全民体育素养的培养，提高全民健身意识及相关科学知识和技能。

体育健身的最终目的是提高人民群众的体育科学素养，提高人民群众对体育科技的利用，从而获得传播效果。

如果没有科学体育观念和知识做支持，个人和群体就不会形成体育健身意识和体育健身习惯。因此，全民健身需要全社会的密切配合与全面推进，要向广大人民群众传播正确的体育文化观念、知识及技能。当前，我国人民群众的体育健身锻炼虽然传播效果良好，但是大众体育科技传播的"科普化"还需要有一个过程。

在当今网络时代，全民健身的信息传播更加便捷、快速、广泛，政府和体育有关部门要充分利用好网络平台，积极传播正确的体育健身信息，同时加强网络信息监管，避免不健康、不科学的体育健身锻炼信息的扩散，要使人民群众都能认识到参与体育健身的重要性和必要性，并积极参与体育健身锻炼。

第四节　全民健身的发展现状及趋势

一、全民健身的发展现状

（一）健身观念现状

从 1995 年首次推广"全民健身计划"至今，我国广大人民群众的健身观念和意识呈现出逐年提升的状况。

当前，人民群众普遍具有了参与体育锻炼的意识，能充分认识到体育健身的重要作用，体育健身人口持续增多。

（二）健身人口现状

1. 全民健身人口年龄结构分布

在人口结构上，我国全民健身在不同年龄阶段的人参与情况不同。在我国全民健身活动的开展过程中，参与主力人群仍然以青少年和中老年人为主，年轻人因忙于工作，很少有闲余时间参与体育健身锻炼。青少年的体育参与以学校体育为主。中老年人有较多的闲暇时间参与体育健身锻炼，但缺少制订锻炼计划的意识和制订计划的能力。

2. 全民健身人口健身科学性认知

在我国体育人口中，绝大多数人都能充分认识到参与体育健身锻炼对增强个人体质、促进个人身心健康的重要性，但是在体育健身上也存在不少误区。

我国相当一部分健身人群对自身的体育健身锻炼目标认识不清，将竞技体育中的"更快、更高、更强"作为体育锻炼目标的比例将近一半。这表明，对于全民健身目标和竞技体育目标的区别，群体中依然有很多人不了解。因此，体育健身锻炼缺乏明确的目标，健身过程缺乏科学规划，很难获得理想的健身效果。

3. 全民健身人口体育信息获取途径

全民健身信息传播的最终目的是提高大众的体育科学素养，以有助于体育健身者科学健身。现阶段，我国全民健身的整体社会舆论环境和氛围总体来说非常好。

相关研究表明，在参与体育健身的人群中，20 岁以上且接受过健身指导的人数占总人数的 48%，同时，在这其中还有 5% 的人接受过专业教练以及社会体育指导员的指导。由此可以看出，目前我国参与体育健身的人中有不到一半的人接受过体育健身指导，绝大多数都是非专业性的指导，我国全民健身运动缺少专业的指导。[①]

在传统媒体中，报纸、电视和广播是宣传全民健身信息的重要媒体。广播与电视对社会大众的信息宣传普及度更高，在引导大众参与体育健身锻炼方面发挥着更重要的引导与指导作用。

---

① 高智，薛虎，朱礼才 . 试论互联网视角下全民健身需求发展的新路径 [J]. 辽宁科技学院学报，
2019，21（04）：65-67，76.

信息时代，互联网在人们获取信息的多种途径中占据非常重要的地位，传统大众媒体也在不遗余力地重视和加强全民健身宣传。需要特别提出的是，当前信息发展已经进入网络自媒体时代，人人可在网上编撰、发布信息，一些网络平台和自媒体为了追求眼球效应和经济效益，会选择一些不科学，甚至错误的健身信息，或者夸大其词，这不利于大众形成健康的体育认知，还有可能误导大众。对此，必须进一步加强网络信息审查，以正确引导大众科学参与体育健身。

（三）健身路径现状

现阶段，我国全民健身活动整体发展态势良好，国家在全国体育基础设施建设上面也投入了大量的人力、物力与财力。进入21世纪的第二个十年和第一个十年相比，人民群众体育健身路径增长明显（表1-4-1）。

表1-4-1　我国第五次、第六次全国体育场地普查数据

指标	第五次（2003年）	第六次（2013年）	增长率（%）
全国体育场地总数量（万个）	85.01	169.46	99.34
全国体育场地总场地面积（亿米²）	13.30	19.92	49.77
全国体育场地总用地面积（亿米²）	22.5	39.82	76.98
全国体育场地总建筑面积（亿米²）	0.75	2.59	246.33
人均体育场地面积（米²）	1.03	1.46	41.75
每万人拥有体育场地数量（个）	6.58	12.45	89.31

注：数据来源自第六次全国体育场地普查数据公报

健身路径建设受经济因素影响较大，因此，虽然我国城镇与农村的健身路径均有逐年增长趋势，但城镇健身路径数量要多于农村地区。

在我国城镇，尤其是大城市，人们的健身方式和途径有很多种，同时也有很多的商业体育健身场所，这些基本上可以满足广大市民的健身需求。大城市体育场地设施虽多，但大众健身利用率低。以广州为例，人均体育场馆资源较少，在公园、广场等公共健身场所，人均场地面积也没有达到国家规定的300米/千人标准。

在我国小城镇，体育设施和之前相比有了较大的改善，但是总体来说公益性的健身场所十分匮乏，不能满足人们更进一步的体育健身需求。

在我国农村地区，健身路径较少，整个村庄只有一两处空地可供农民健身使用，这些空地上的体育健身器材和设施寥寥无几，通常只是一两个乒乓球台、两个篮球架，并且健身人数不多，这些场地更多的时候是被作为农忙时候晾晒粮食作物的场地。总结来讲，农村地区本身健身路径就非常少，再加上我国农村地区人口多，所以人均健身路径要低于城镇。

（四）健身研究现状

改革开放以后，我国就非常重视全民健身、体育健身及其相关领域的研究。从 2006—2017 年的"全民健身"相关关键词检索中发现，全民健身、群众体育、体育管理、民族传统体育、公共服务、体育文化、健康中国等均具有较高的出现频次。尽管这些词汇大多常见，并非新鲜词汇，但它们所代表的研究内容和主题历久弥新，仍然是现阶段全民健身研究的重要课题内容（表 1-4-2）[1]。2010—2020 年全民健身高频关键词的频次统计如表 1-4-3 所示。

表 1-4-2　2006—2017 年全民健身研究热点关键词（前 20 位）

排序	关键词	频次	中心性
1	全民健身	284	0.49
2	群众体育	114	0.15
3	体育管理	61	0.46
4	民族传统体育	28	0.19
5	公共服务	23	0.04
6	体育文化	23	0.04
7	健康中国	21	0.07
8	公共体育服务	18	0.23
9	体育产业	17	0
10	体育经济	17	0.1
11	社会体育	15	0.1
12	体育教育	14	0.18

[1] 黄喜燕.全民健身研究的知识图谱分析 [D].成都：成都体育学院，2018.

排序	关键词	频次	中心性
13	国家战略	14	0.05
14	社区体育	14	0.13
15	体育场馆	14	0.11
16	农村体育	9	0.07
17	竞技体育	9	0.07
18	体育政策	8	0.14
19	体育社会学	7	0.04
20	全民健身计划	7	0.03

表 1-4-3 2010—2020 年全民健身高频关键词的频次统计

序号	关键词	频次	序号	关键词	频次	序号	关键词	频次
1	全民健身	199	13	公共服务体系	6	25	小康社会	3
2	群众体育	34	14	健康中国	6	26	体育场馆	3
3	体育管理	19	15	社会体育	6	27	四川省	3
4	公共服务	14	16	中国	4	28	体系	3
5	体育经济	10	17	体育强国	4	29	农村	3
6	社区体育	8	18	对策	4	30	指标体系	3
7	体育产业	7	19	体育公共服务	4	31	全面建设服务体系	3
8	公共体育服务	7	20	学校体育	3	32	武术	3
9	竞技体育	7	21	体育场地	3	33	发展路径	3
10	国家战略	7	22	发展	3	34	举国体制	3
11	服务体系	6	23	体育消费	3	35	组织管理体系	3
12	民族传统体系	6	24	体育文化	3	36	体育管理	3

二、全民健身的发展趋势

（一）进一步加强体育基础设施建设

开展全民健身活动，体育场地、器材等必不可少。这是体育健身的重要物质基础，如果缺少这一物质基础，则具体的体育健身活动就无法顺利开展。

现阶段，我国体育场地设施建设情况表现为人均数量少、可用面积小，基础健身设施不足是影响我国全民健身进一步推广的制约因素，必须予以改善。

随着全民健身的深入人心，人们更加注重身体素质的提升，乐于进行各种锻炼，体育健身场地短缺的问题将凸显。因此，未来我国全民健身的一个工作重点就是要投入更多资金，充分考虑百姓从事体育活动的需要。这就需要社会各个方面的积极助力，包括政府、社会组织、个人等，应积极建设适合广大人民群众开展体育健身的基础性体育设施，积极利用现有资源，增加体育场地设施建设，加强对现有的体育场地、设施进行优化管理，提高各项体育资源的利用率，以缓解当前和未来我国体育锻炼设施不足、锻炼场所狭小等问题，不断地完善体育基础设施[①]。

（二）不断提升全民健身的文化内涵

要持续推进我国全民健身各项工作的开展，引导广大人民群众积极参与全民健身活动中来，需要大力宣传体育健身知识，不断提高广大人民群众的体育知识储备、技能储备与体育文化素养，如此，才能使广大人民群众积极主动地参与健身锻炼中来，不断提升自身的身心素质发展水平。

对于个人体育健身动机的形成与对健身行为的促进作用来说，只有个人充分认识到体育健身的重要性、必要性，才能从主观方面积极参与体育健身活动。这种主动性是个人主观意识的推动，可以促进个人长期坚持参与体育运动。

对于个人对体育价值的认知来说，体育的精神文化价值是其中非常重要的一个价值。体育价值主要由核心价值和外围价值两部分组成，前者比较稳定，后者比较松散。一般来说，吸引力、说服力较强的核心价值越能够使整个价值体系更加稳定，个人的体育知识越丰富，越能充分认识到体育健身的价值，也就越能主动、科学、坚持地参与全民健身活动，并能主动宣传全民健身文化。

对于个人的体育文化认知来说，全民健身是全世界关注大众健康的具体表现。西方体育文化强调"竞争"，东方体育文化强调养生、保健，"天行健，君子以自强不息"。在全民健身活动持续推进中，不断提高社会大众对我国传统体育文化与西方竞技体育文化的认知，有助于增强我国人民群众对民族体育文化的认同与热爱。全民健身是能促进身心健康发展的体育活动，它不仅涉及体育活动的生理

---

① 王德民，林连杰，李伟.全民健身下城市居民户外体育锻炼现状及对策研究[J].西部皮革，2019，41（16）：85-86.

参与，还能通过体育健身活动参与使人们了解丰富多彩的体育文化。我国民族传统体育历史悠久、内容丰富，在我国人民群众间具有广泛的群众基础，鼓励广大人民群众参与我国民族传统体育健身活动，能促进人民群众积极参与体育健身，并在健身中传播、传承体育文化。

总之，全民健身的持续推进，除了要强调大众的身体与技能参与之外，还要从精神、价值层面不断丰富大众的体育文化素养，及对全民健身与体育文化的深层次精神与文化认知，只有这样才能从根本上促进全民健身的发展，这是新时期全民健身持续开展的重要内在推动力。

（三）进一步落实各项全民健身政策

全民健身是一项宏观系统工程，需要政府的引导与社会各界的支持。近年来，为推动全民健身的持续推进，我国先后颁布实施了一系列的体育健身政策与体育发展政策，这对于我国当前和未来一段时间的全民健身活动开展具有重要的政策引导与指导作用，这些政策的颁布有利于我国全民健身的进一步深化发展。

从中央到地方，在全民健身政策的开展、落实过程中，由于地区的经济、文化、教育等发展水平不同，可能会遇到各种各样的问题。各级政府部门和体育部门要积极想办法，抓好全民健身各项政策的具体落实情况，将有利于全民健身发展的惠民政策落到实处，真正实现全民健身的稳步、持续发展。

（四）坚持以全体人民群众健身为本

"以人为本"是体育发展的重要指导思想。人类在体育活动中向自身极限发起挑战，以获得功利和其他回报，在这种情况下的体育是作为一种人们获取某些利益的手段和工具。全民健身中的体育旨在促进人民群众的身心健康发展，增强国民体质，不具有功利性。

人是体育的主体，也是体育的客体，这里的客体主要是指人参与运动的身体，体育运动能够使人强身健体，培养人形成开放、竞争的良好性格，促进社会交往，实现全面发展目标。想要在当前和以后持续推进全民健身各项工作的开展，必须坚持以全体人民群众的健身、健心为根本，始终围绕"人"这一中心为指导思想来开展每项体育工作，使人的价值和追求能够通过全民体育健身路径得以实现。

值得一提的是，全民健身在不同阶段表现出不同的时代特点，这是因为全民健身与社会文化、经济、体育等的发展具有非常密切的关系，容易受这些因素的影响并作用于这些因素。全民健身在发展之初，民众的体育项目选择多为西方竞技体育运动项目，随着越来越多的新兴体育运动项目的出现，一些小众体育运动项目变为流行体育运动项目，备受体育运动爱好者欢迎，也吸引了相当一部分大众健身人群。近年来，随着我国 2022 年冬奥会的申办成功，冰雪运动逐渐受到人们的关注。全民健身推广不是体育健身的"随大流"，而是真正从个人体育发展需求入手，从我国的基本国情出发，从每一个人民群众的体育健身需求出发，因时制宜、因地制宜、因人而异地推广和开展体育健身活动。

（五）注重多样化的体育人才的培养

多样化的体育人才培养是进一步持续推广全民健身需要做的工作。全民健身的持续开展，离不开对以下几种人才的培养：

①政府体育统筹管理人才。

②市场体育经营运作人才。

③基层体育健身指导、组织、管理人才。

④体育研究人才。

⑤民族体育文化传播、传承人才。

在全民健身的持续发展中，我国将在全民健身相关人才培养方面花费更多的心力和财力。具体来说，人才培养应尽可能发挥高校、社会组织、企业等社会力量的作用，构建联动机制，有效协作，合力培养各类体育人才。

（六）追求个人与社会的和谐发展

全民健身有助于促进社会大众的身心健康发展。我国全民健身工作开展到现在已有二十多年的时间，这期间全民健身的内涵不断丰富，它不仅指广大人民群众的参与，同时它的发展也关系到整个社会的政治、经济以及文化的发展。

在我国全民健身各项活动的开展过程中，每一个参与全民健身活动中来的人，都会不可避免地与人交往，交往中伴随着合作与竞争。在全民健身活动开展过程中，虽然人民群众参与体育运动的规则和技术要求，与竞技体育运动有很大的不同，但体育运动的基本规则意识和精神内涵是不变的，通过全民健身，有助于社会规则意识和道德规范在大众中的渗透。因此，全民健身的参与对于个人来说既是一种体育，也是一种智育和道德教育，有助于促进社会精神与文明的发展。

全民健身的功能是多元化的，促进人的发展是全民健身最直接、最根本的作用。在此基础上，全民健身还有助于促进人与社会的和谐发展。

全民健身作为具有中国特色的群众健身工程，必将与中国特色社会主义和谐社会的建设有机结合起来，促进人与社会的和谐发展。

第二章

智能体育

本章主要从智能体育的概述、5G技术特征与助力智能体育优势、智能体育教育、智能体育服务四个方面对智能体育综述进行探究，以此为基础，让读者对智能体育有一个整体的认识和理解。

第一节 智能体育的概述

一、智能体育的背景

智能体育并不是凭空出现的，它与政治、经济、科技、文化等方面有密切的关系，也是这些因素共同作用的产物。本节主要从政策、技术、消费三个方面对其进行全面的论述。

第一，政策方面。一般情况下，积极的政策可以为体育发展提供顶层设计，同时也是促进体育转型升级的根本动力。从某个意义上来讲，国家政策对于体育而言，具有引导、示范的作用，为体育的健康发展保驾护航。这些年，我国关于扶持体育产业发展的政策日益明朗。

第二，技术方面。现代信息技术的快速发展给人们带来了诸多便利，如生产、生活、学习等。智能体育的发展不仅是社会发展的产物，也是技术进步的象征。一方面，将信息技术应用于体育之中，可以有效解决当前所面临的问题，使其向更高层次的方向发展；另一方面，将信息技术应用于体育之中，可以深度挖掘体育功能，实现体育创新。

第三，消费方面。我国已经达到了全面小康，大众对健身运动、体育娱乐需求节节攀升，全民运动意识兴起，体育由非消费型走向消费型。近几年，我国移动互联网技术得到了较快的发展，同时手机终端也得到了大面积的普及，基本可以保证人手一部智能手机，智能手机逐步深入大众日常生活当中，为此，大众对体育参与的传统模式已不满足，要求更加个性化、多元化。在这种情况下，智能体育应运而生并迅速发展壮大。随着人民生活水平的提升，体育市场的消费水平呈快速发展的趋势，这也为我国智能体育的发展奠定了坚实的基础。此外，我国体育市场的消费升级在无形中刺激资本市场的配置，为我国体育转型提供了一定的帮助。同时，互联网金融的兴起和普及，也将对我国体育产业产生重要作用。

二、智能体育的定义

从现阶段的理论研究成果来看，学术界对智能体育的定义还未形成统一论述。

2019 年，汪小涓指出智能体育就是运用智能设备来打破传统体育的时空限制，从而使传统体育实现智能化、网络游戏现实化。①汪小涓关于智能体育的定义属于狭义的，它仅局限于智能体育器材和用品。2019 年，郑芳、徐伟康也对智能体育的定义进行了解读，并指出智能体育主要是以人工智能等新一代信息技术为手段，并通过全面感知、深度解析体育大数据的方式来了解体育背后的各种隐含关系、模式等，从而形成可以进行预测、决策以及分析的知识体系，进而为体育决策提供理论方法和技术支撑。②2020 年，周静芝、彭玉鑫、郑芳等人认为智能体育是智能技术在体育领域的应用，所涉及的范围与内容较多，如物联网、3D 打印、5G 通信、智能机器人、云计算、AI、新材料、虚拟现实等新技术。③从以上的分析中，我们可以看到后面两种观点强调智能体育是现代信息技术在体育领域中的应用，它涉及体育的各个领域。

总之，智能体育已经从观念层面上变成了我国现阶段体育发展中的一种行为，特别是在现代信息技术和社会各个产业相互交融的时期，促进智能体育的发展越来越清晰，也越来越实际。

三、智能体育在推进全民健身实施中的作用

（一）对全民健身管理的支撑

1. 转变全民健身管理模式

将新一代信息技术运用到全民健身管理之中，把"从上而下的管理"这一传统方法，向"自下而上"模式过渡，推动体育治理模式由单一的治理主体，转变为以政府为主导、公众共同参与、多元协同治理的新格局。当前我国正处于经济结构转型升级时期，体育产业作为国民经济中的重要组成部分也得到快速发展。传统的体育管理体制，是在中华人民共和国建立以后才逐步建立起来的，它的确立是以社会价值维度为基础的，缺点是片面强调高强度行政干预，忽视了市场、社会等因素，由此造成积弊。改革开放前，我国一直以计划经济体制为主，体育管理也主要集中于政府部门，缺乏对体育的全面系统的认识。我国在实行改革开

---

① 江小涓.体育产业发展：新的机遇与挑战 [J].体育科学，2019，39（07）：3–11.

② 郑芳，徐伟康.我国智能体育：兴起、发展与对策研究 [J].体育科学，2019，39（12）：14–24.

③ 周静芝，彭玉鑫，郑芳，等.智能体育发展研究 [J].浙江体育科学，2020，42（01）：25–31.

放之后，社会经济得到了全面的发展，人们的生活水平也得到了全面的提升，尤其是我国实现了全面建设小康社会的目标，温饱问题已经不再是困扰广大人民群众的主要问题，同时，我国政府职能也逐渐转变为服务型政府，在这样的大环境下，传统体育与全面健身发展不相适应的问题日益显现。为满足人民群众日益增长的健康需求，我国开始进行体育体制改革，从计划经济时期以竞技项目为主，向市场经济条件下多元化主体参与转变。

现代化群众体育治理强调治理经济性、效率与效果，以及政府管理成本的降低和提升管理绩效。随着现代社会发展进程不断加快，体育公共性日益凸显，体育公共事务越来越复杂。就体育公共服务治理而言，采用以人为中心的价值取向，遵循客户第一的公共服务原则，因此，现代化体育治理涉及治理技术的选择。21世纪以后，信息技术高速发展，互联网给人们的生产和生活行为方式带来了巨大的变化，并为体育现代化治理的实现提供技术支撑条件。

在体育网络化社会治理框架中，社会参与主体的多元化，形成了"节点"，它们彼此之间的连线代表着其所形成的社会关系。参与体育的各主体构成网络世界，多数节点只拥有少量与其他节点的联系，少数节点作为聚合度较大的节点，承担中心联系者角色，频繁联系的节点在体育需求上产生相似的选择喜好，从而演化为具有共同价值的团体小天地，以集合方式表达价值诉求，一改过去社会中个体的虚弱和单一的行为状态，满足自身的安全问题，归属和社会价值实现需要。因此，体育网络化社会治理要充分发挥利益相关者的协同作用，推动体育网络化社会治理体系的建设。在体育网络化的今天，社会治理以人民群众为主体，由于政府及其所属的体育事业性社会团体拥有较多的本体体育资源，为此其作为重要节点所具有的优越性尤为明显。在择优的连接机制下，它优先接入，获得概率更大，并且会在同向匹配机制下不断地强化。就社会网络而言，政府为核心的主体，部分社团组织是仅次于政府的另一个重要主体。

信息化公共服务平台可以有效地解决社会参与、社会再组织化等方面的问题，推动封闭体育管理体制向开放管理体制转变。我国在"互联网＋"背景下，构建了新型的体育公共服务体系。政府借助信息化体育公共服务平台，促进了服务性体育体制、体系的形成，打破了传统体育系统内各自为战的局面，充分整合体育资源，满足人民群众日益增长的体育公共服务需求。

2.提升政府的科学决策能力

科学合理的决策，有助于促进全民健身落实成效。在现代信息技术背景下，传统的体育治理格局正在遭受持续冲击，科技融入政务网络、大众的日常生活中，逐步形成了以科技为支撑、智能化的体育社会治理模式。这种新形式不仅改变了人们的生活方式、思维观念以及行为习惯，也为我国全民健身事业提供了全新的发展机遇。一方面，信息网络已经满足全民健身管理系统性和复杂性的要求，同时满足其整体性与协同性的要求，政府部门可以将其用于及时了解情况，有的放矢，增强了政府决策的科学性，在管理的过程中不出现主观臆断的现象，进而避免形成群众"被服务"的问题，这样可以有效提升我国全民健身管理的效果；另一方面，随着信息技术不断发展，当前新一代的信息技术水平可以通过对大数据信息的分析来掌握广大人民群众的体育健身需求，因此，我国政府可以充分利用这一点为人们提供精准化的服务，从而提升我国全民健身的治理水平。

（二）对全民健身推广的支撑

1.激励群众坚持运动

如果一个人缺乏锻炼，加上长时间高热量饮食、久坐等，很容易导致慢性疾病，这在一定程度上为我国医疗系统带来诸多负担。在全民健身计划实施过程中，如何提高大众的体育锻炼意识和参与程度，已经成为一个亟待解决的现实问题。当前大部分的人虽有比较强烈的健身意愿，但是实际参加健身运动的人并不多。从根本上来讲，导致这一现象的原因有很多种，具体表现在以下几个方面：运动场地设施，个人运动时间，运动气氛，媒体，情感。当然，除了以上这些因素之外，还有其他一些社会因素也会影响人们参加健身运动。尤其是近几年，随着互联网信息技术的飞速发展，人们的社交行为方式也发生了一定的变化，人们更乐于在社交网络上发布各种信息，并将其作为自身生活的一部分，这占据了人们大部分的健身时间。

在传统体育健身环境下，人们在短期内很难直观地看到自身锻炼产生的身体变化，这也在一定程度上打击了人们运动健身的积极性。相对于传统体育而言，智能体育可以自主收集锻炼者的运动数据，并利用数据建模的方式对这些数据进行全面分析，从而生成运动健身报告，锻炼者可以在生成的报告中看到自己近期健身前后的各项身体数据指标对比。从某种意义上来讲，运动健身报告充分证明了体育锻炼对人体健康有积极的作用，从而鼓励锻炼者坚持运动锻炼。通常情况下，智能体育 App 不仅为锻炼者提供了大量的音乐，也配置了语音提醒功能，这使锻炼者在锻炼的过程中可以欣赏美妙的音乐，降低了一个人锻炼的孤独感。另外，智能体育还能够帮助人们掌握科学锻炼身体的方法，提高自己的身体素质。智能体育软、硬件的方便使用，实现了人与人之间运动数据的共享，通过智能健身器械或者运动 App 采集的运动数据，在朋友圈中共享，既符合社交需求，又创造了良好的健身氛围，吸引了更多群众参与到体育中来。在智能体育软件中还提供一些辅助手段，帮助人们更好地控制自己的运动节奏。例如，当前我国比较流行的社交软件——微信，其中微信运动作为该软件的一个小程序，虽然表面上看，这个微信小程序十分不起眼，也没有多少大的功能，但是它却可以记录每天的运动量，并自动生成朋友圈排行榜，这在一定程度上激发人们与朋友圈的朋友进行比较，为了在微信运动排行榜上名列前茅，人们会不自觉地加入运动之中。

2. 实现健身精准推广

现代信息技术广泛应用，使健身俱乐部得到了高效普及，吸引具有健身意向的潜在用户群体进行体育锻炼。传统健身俱乐部以面向社区为主要方式进行销售和推广，在商场和其他人流量较大的地区散发传单，不仅浪费了资源，还存在着效率低、费用高等问题。随着互联网技术的发展，健身俱乐部借助互联网平台开展网络营销，因此在互联网时代，如何借助现代信息技术开展精准营销成为新时期健身俱乐部面临的重要课题。目前，健身俱乐部可借助现代信息技术优势来达到精准营销，把销售与推广都放在线上，同时做好线下服务，通过线上、线下的衔接，减少销售成本，提升健身俱乐部的知名度。借助微信公众号、微博及其他平台推送与运动健身有关的文章或者视频，从而引起消费者积极参加体育锻炼的兴趣，为运动健身创造良好氛围。

（三）对全民健身场地设施的支撑

1. 显著提升运动器械交互性

传统的运动器械由简单的零件组成，存在功能单一、交互性差等弊端，人们只能主动去配合器材完成动作，并且整个过程没有任何运动反馈，这让用户感觉枯燥、无趣，逐渐失去锻炼的积极性，因而难以满足网络信息化时代人们的多元化健身需求。随着科技的快速发展，用科学手段促进传统健身器械智能化能够解决当前运动健身器械行业的最大痛点。智能健身器械可以主动配合人们完成规定的动作，利用多种传感器采集运动数据，并给出相应反馈，让体育运动变得更加科学、有趣。

如图 2-1-1 所示，当人们首次接触某个智能健身器械，可以选择手动输入个人身体数据或采用运动识别的方式进行参数采集，这些数据会被上传到云服务器，服务器对数据进行处理分析并迅速给出多种相应的运动方案，运动者根据个人偏好选择其中一种方案。接下来系统会主动引导器械配合参与者锻炼，并随时采集运动数据。在运动结束后，参与者可以对运动方案的难易程度进行评价，系统会根据运动数据和参与者的评价及时更新运动方案。与此同时，用户根据个人喜好，选择是否把运动数据分享到社交平台。

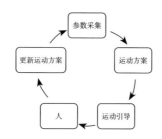

图 2-1-1　健身器械智能运动流程

2. 实现全民健身路径智能化发展

最近几年，无论在城镇还是较为偏远的农村，都可以看到全民健身路径的身影，但这些全民健身路径每天在户外风吹日晒，不仅容易损坏，还得不到及时的维修，影响了其使用效率。常见的健身器械一般贴有一个不锈钢标签，标签内容仅包括器械名称和使用年限，缺少详细的使用方法及教程，无法指导群众进行科学锻炼。

现代信息技术的发展带动了户外全民健身路径的智能化发展。新一代智能人脸识别健身路径，如图 2-1-2 所示，立柱采用钢管＋塑木＋铝边条，全系列均装有遮阳棚，采用清洁能源供电，智能环保。全民健身路径系统在云服务平台基础上，软、硬件智能化全面升级，形成了室外智能健身新的解决方案。智能全民健身路径包括智能二位背部训练器、智能二位椭圆漫步机、智能二位推举训练器、智能二位扭腰机、智能二位太空漫步机等，可实现器材锻炼频次的记录功能，通过智能健身平台内置的健康算法，显示锻炼者的能量消耗。新一代智能人脸识别健身路径除了着眼于体育器材等产品的迭代升级外，还利用技术和网络，连接社区、公园和学校的设施器材，打造整体便捷的公共体育服务。另外，全民健身路径与物联网结合，还可以实现健身路径的精准定位和维修，提升器械的使用率和安全性，为群众提供更优的服务质量。

图 2-1-2　智能二位背部训练器（左）和智能二位太空漫步机（右）

3. 带动全民健身体育场馆转型升级

截至 2019 年底，我国共有体育场地 354.44 万个，体育场馆 637 个[①]，当前我国公共体育场馆普遍存在经营不活、管理不善的现象[②]。现代信息技术的发展为体育场馆的转型升级提供了技术支持，通过对传统体育场馆的智能化改造，节省场馆的运行成本，提高场馆管理效率，从而更好地服务于全民健身。其中，物联网技术为智能体育场馆提供了不可替代的信息基础设施[③]。物联网通过各种传感器、智能运算技术以及计算机网络技术等，把物质世界构成了一个完整的网络系统，大幅度提高了整体的运行效率。传统体育场馆的智能化必然离不开智能化管理系统的支持，主要包括智能照明系统、智能安防监控系统、智能温湿度控制系统、智能票务系统、运动数据收集系统和业务数据显示系统等。

（1）智能照明系统

体育场馆对照明条件及效率要求越来越高，传统的由手动控制的照明系统因

① 国家体育总局 .2019 年全国体育场地统计调查数据 [EB/OL].http：//www.sport.gov.cn/n315/n9041/n9042/n9143/n9153/c968185/content.html.2020-11-02.

② 中国产业信息网 .2017 年中国体育场馆数量达 195.7 万个行业改革任重道远 [EB/OL].http：//www.chyxx.com/industry/201904/727959.html，2019-04-09.

③ 李静 . 智慧型体育场馆的构建设想及应用分析 [J]. 电脑知识与技术，2019，15（28）：272-274.

为会造成大量的电量浪费，已经开始逐渐被淘汰。智能照明系统借助多个光线感应器，收集并判断环境光是否符合运动项目开展的条件，如果不符合则自动打开场地内的照明灯，这样既能做到节能，又可以减少管理人员。场馆内的传感器还可以判断场内是否有比赛或人员活动，根据需要打开相应区域的照明灯，当人员离开，照明灯则会自动关闭，从而节约电能，减少体育场馆的总体运行成本。

（2）智能安防监控系统

体育场馆是一个人员聚集的场所，保证场内人员的安全至关重要。物联网、人工智能技术的运用，让体育场馆的安防系统变得更加智能。传统的监控系统只能简单地录像，智能监控系统加入了生物感知技术，可快速识别视频中的人员，有效提高场馆管理效率。智能防火系统借助于多种传感器，实时监测空气中的烟雾浓度，同时与场馆的电源控制、火警报警系统联动，一旦发生火灾，会第一时间作出响应，尽可能把火灾损失降到最低。

（3）智能温湿度控制系统

为了保障体育比赛和群众锻炼的舒适性，体育场馆内需要保持合适的温湿度。如图 2-1-3 所示，采集场馆内的温湿度数据并上传到管理系统，然后系统根据收集到的数据和预先设定的程序判断是否要启动降温和除湿的设备。一旦场馆内的温湿度低于某个设定值，系统会命令相关设备停止工作。智能温湿度控制系统让环境温度始终处于适宜锻炼的温湿度范围，同时节约了电能。

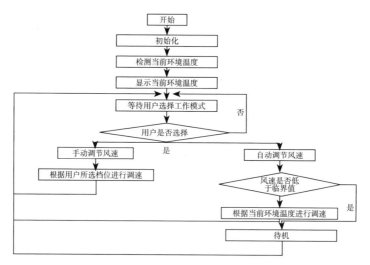

图 2-1-3　智能温湿度控制系统原理图

（4）其他智能系统

智能体育场馆的智能系统还包括智能票务系统、运动数据收集系统、智能体育知识系统、信息发布系统、智能导引系统及人员疏散系统等。智能票务系统是借助于物联网和移动互联网技术，实现用户网络预定购票和现场扫描二维码检票入场，在方便用户的同时也践行了当下绿色环保的理念。智能引导系统主要是通过指导显示屏、自助查询机、信息发布显示屏为群众提供指引，同时利用手机App、微信公众号等给用户发送线路图，用户只需借助手机的导航功能，就可快速到达目的地。

（四）对全民健身赛事活动的支撑

1. 转变全民健身赛事活动开展方式

（1）创新赛事活动组织形式

新一代的信息技术对我国体育发展产生了巨大的影响，全民健身赛事作为体育事业的一部分，同样受到了影响，具体表现在赛事活动的举办方式、群众的参与方式上。在传统全民健身赛事中，举办方式主要为线下活动，参加赛事的群众需要到比赛现场参加比赛，然而参赛者受学习、比赛地点、工作等因素的影响，有时无法准时参加比赛，这在一定程度上打击了他们参加比赛的积极性。然而在新一代信息技术背景下，可以借助智能App、VR虚拟现实等技术举办线上体育比赛，进而解决传统体育赛事受时间、空间等因素的影响。人们可以通过上传比赛视频、线上虚拟对战等方式参加赛事活动，从而让人们体验运动所带来的快乐。从企业的角度来看，开展线上赛事活动，不仅可以加强参赛者之间的互动，也有助于提升顾客黏性，这对企业的长远发展具有重要意义。

国家体育总局为了推进全民健身运动的开展，创新了很多线上赛事的方案，并公布了《全民健身网络赛事活动目录》，将许多大众体育赛事活动搬到线上。如2020年2月由国家体育总局出面组织的"全民啦啦队·引领新生活"第二季啦啦操评选活动。将大众体育赛事搬到线上打破了线下实体赛事群众关注度低的问题，从而吸引更多的人参与全民健身运动。

（2）创新赛事活动传播途径

移动互联网的发展以及虚拟现实技术在体育领域的深入应用，丰富了全民健身赛事的传播途径。在新一代信息技术的支持下，全民健身赛事活动实现了直播方式、镜头视角以及转播方法的融合，与此同时也配备了与之相适应的赛事解说和营销方法。例如，在一场大众体育赛事活动中，可以利用多镜头的切换，让观众看到赛场上不同角度的比赛情况，从而提升用户的体验感。

2.升级改造全民健身体育项目

目前，全民健身活动以徒步、广场舞、骑行、跑步等为主，这些运动项目简单易操作。参加的人虽然很多，但是活动开展率总体偏低。主要原因在于全民健身运动的项目类别缺少创新，缺乏趣味性，没有满足大众个性化的需求。现阶段，青年人一般都喜欢某些竞技性强、技术水平高的运动项目，如高尔夫、射箭、拳击等，因这些运动项目受场地和其他条件的制约，并没有得到大面积的推广。因此，在传统健身器械与新一代信息技术相结合的背景下，以及大众个性化健身需求的影响下，催生出智能体育运动项目。

（1）改造传统体育项目

通过提升健身器械的智能化水平，能够不断创造出人性化的智能体育运动项目，并将传统体育项目从运动项目场地限制中解放出来，充实运动项目发展类型，增强运动项目娱乐性。同时，也能够为广大民众提供一种全新的休闲娱乐方式，满足人民群众日益增长的精神需求。雾霾造成的空气污染，让更多人开始选择在室内健身，受室内场地所限，有些项目如高尔夫、网球、足球等之类的体育运动项目不能得到有效的发展，这在无形中消减了一部分人健身的积极性。传统的户外体育活动需要借助室外场地才能实现，不仅增加了锻炼成本，还容易污染环境。近年来，我国诞生了很多的新技术，如VR、5G通信、全息投影等，这些技术运用在生活的各个方面，同时也为我国智能体育的发展创造了良好的环境。在新技术的支持下，我国建设了很多的高尔夫、皮划艇、网球等虚拟运动环境，这在一定程度上解决了传统体育场地限制的问题，让人们可以在室内狭小的空间中享受这些运动。由此可以看出，将现代技术融入传统体育项目之中，可以让更多的人参与进来，并对自身运动能力有一个基本的了解。

5G网络的逐步推广使隔空训练对抗得以实现，即便是相隔千里，两人也能时刻感受到真正的实战对抗，让锻炼不寂寞。此外，"互联网＋体育"的发展使体育运动与互联网深度融合，促进了体育消费模式和产业形态的变革。在现代信息技术的推动下，传统体育项目中加入了更多的休闲娱乐内容，焕发出新的生机，并吸引更多的青少年加入这个行列，实现了一边健身一边娱乐，降低了青少年对于网游的依赖性。在未来的发展中，体育运动与互联网结合将会有更为广阔的空间和发展前景，如虚拟现实体育，能有效地补偿健身场地条件的缺陷，避免了高难度技术动作给参与者带来的运动损伤。另外，运动玩乐园还具有良好的社交功能，促进不同人群之间的交流与合作。阿里体育中心运动玩乐园，是国内第一家将智能运动与全球运动休闲玩乐品牌完美结合的室内运动玩乐园，该玩乐园占地2000平方米，在场地内有骑马、射箭、滑雪、足球等33款运动竞技主题游戏项目。这个运动玩乐园使所有传统运动项目实现了智能化，并使其从运动场地、时间等条件下解放出来，使运动减脂成为游戏，成为时尚。

（2）打造新兴体育项目

以现代信息技术为依托，智能体育项目层出不穷，并用趣味多变的方式吸引人们参与其中。我们可以将新兴的体育运动项目看作网络游戏的实体化，它是一种不同于传统体育项目的新生事物。智能交互运动作为一种新兴的智能体育，主要依靠交互运动处理器，配合投影仪投射画面，并在此基础上运用后台丰富的运动课程、减压课程等，以达到全息投影互动的目的，进而取得理想的训练效果。智能交互运动能够帮助人们提高自身身体素质，同时还能促进人与人之间交流互动。智能交互运动对传统健身进行了更新，不仅使用课程体系、多方位锻炼模块，使运动更科学、更合理，还提高了健身过程中的互动性和趣味性。

第二节　5G技术特征与助力智能体育优势

互联网不仅给人们的日常生活带来了巨大的影响，同时也催生出很多新鲜事物和新产业。随着5G时代的到来，这些新生事物将会迎来再次发展的空间。

一、5G移动互联网通信技术的特征

我们经常提及的5G移动互联网通信技术主要具有以下几个方面的特点：一是通信频谱利用率高，二是通信性强，三是能耗和运营成本低等。也正是由于5G的这些特点，因此一旦它被普及应用，将会为用户和运营商带来巨大的便利和实惠。与之前的几代移动互联网通信技术相比，5G使用了通信频谱中的高频段频谱资源。在现实应用中，高频段无线电波穿透能力并不是很理想，所以这也直接影响了 5G 移动互联网通信技术对高频段频谱资源的利用效率。以上的这些特性并不会对 5G 移动互联网通信技术中的无线组网、有线与无线宽带技术的融合等应用产生影响。

5G 移动互联网通信技术，通过革新传统的通信理念，一改过去移动互联网通信技术信息编译码方式、点对点间物理通信传输模式，通过使用更广泛的多点、多天线、多小区加多用户协作模式，实现了互联网相互协作、相互组网性的增强，由此，5G 移动互联网通信系统的通信性能得到提升。在 5G 移动互联网通信技术研究中，以室内无线移动网络覆盖为研究重点和业务支撑，革新与变革传统移动互联网通信设计思路，通过观念上的革新，将使 5G 移动互联网通信技术在移动通信方面起到更大的作用。

另外，研究者还将"软"配置设计添加到 5G 移动互联网通信技术研究之中，使 5G 移动互联网在通信系统应用过程中，通信网络运营商能够根据业务流量动态变化，实时调整移动互联网通信资源，这使 5G 移动互联网通信系统能耗得到了有效降低，也节约了系统运营商运营成本。

针对移动互联网通信技术发展趋势以及当今 4G 移动互联网通信技术性能指标，未来 5G 移动互联网通信技术应具备如下性能指标：

① 5G 移动互联网通信技术传输数据速率至少超过 1Gbps。这意味着在未来一段时间内，人们对高清视频以及超高清图像的需求会越来越大。当今采用 4G/LTE 移动互联网通信技术，传输速率已获得 100Mbps，新型 5G 移动互联网通信技术对数据的传输速率将至少比 4G 移动互联网通信技术高 10 倍以上。比如在下载一个视频时，利用 4G 移动互联网通信网络下载是一分钟，利用 5G 移动互联网通信网络，完成同样画质视频的下载仅需 5s，甚至更短。利用 5G 移动互联网通信网络，在在线视频收看过程中，可以用 4K 或 8K 画质录像。

② 5G 移动互联网通信网络容量比是当今采用 4G/LTE 移动互联网通信网络的 1000 倍，平均每平方公里分布连接数大于等于 100 万个。

③使用 5G 移动互联网通信网络时，无线延迟将小于 1ms，而 4G 移动互联网通信网络无线延迟时间标准为 50ms。当使用 5G 移动互联网的通信网络后，将使数据传输更加快捷，因此利用 5G 移动互联网通信网络可以完成某些高精度需求

的监控。例如，将 5G 移动互联网通信网络用作无人驾驶或无人汽车的在线控制时，利用 5G 移动互联网通信网络，把无线数据传输延迟时间限制在 1ms 内，会有效规避危险。

④除以上性能指标外，在使用 5G 移动互联网通信技术的时候，其所能支持的最大移动速度亦会从原来的 350km/h 延伸到 500km/h 左右，由此给移动无线用户提供了很大便利。

5G 移动通信具体有以下几个特点（图 2-2-1）：

（1）高速率

和 4G 比较，5G 速率较快。网络速度增加，增强了用户的体验感受，一些十分依赖网速的业务，如网络直播、VR/AR、超高清等，不会再被网络速率所束缚，因而得到广泛的推广应用。

（2）低功耗

现在的大规模物联网已经达到了一定的水平，人们对于低功耗提出了更多、更高要求。例如，智能手表等智能穿戴产品，需要日常充电，如果此类穿戴产品需要每天充电，那么用户体验会下降，所以低功耗通信过程，有利于用户对物联网产品有更多的认可。

（3）低延迟

5G 空中接口的延迟时间约为 1ms，可以充分满足无人驾驶、工业自动化和其他方面的实时使用，有助于延伸其在新领域中的应用与发展。

（4）万物互联

现在，智能电子产品终端的数量非常庞大，一般情况下，个体拥有的个人终端已经有一个或者更多，5G 时代的到来，让每一个家庭都有了几个终端。

（5）重构安全

与人工智能相伴而生的云计算、物联网等新兴技术正在蓬勃发展，因此 5G 网络涵盖了很多方面，如金融、医疗、交通等多个领域，网络安全边界被突破，如果没有 5G 的安全，也不存在 5G 云网的安全。重构安全工作，是确保 5G 时代智能互联网能够正常运行的首要因素，更是防范风险、抵抗恶意攻击的关键。

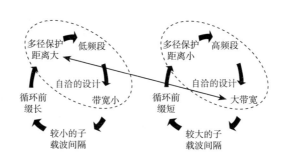

图 2-2-1　5G 技术特性

二、5G 给体育发展带来了勃勃生机

（一）物联网：让体育互联万物

物联网通过识别器、信息传感器、红外感应器等，把事物的各种信息和特征集合在一起，然后由终端设备对其进行解析、加工和反馈，使物与物之间、人与物之间、人与人之间建立一个无形的联系。体育信息、运动数据、锻炼方式等，也都是通过物联网等媒介进行连接的，并一起服务于体育，为体育的发展注入勃勃生机。物联网由大量传感设备组成，以互联网技术为基础，利用无线通信网络实现人与物之间以及人与计算机之间的通信，并能自动执行操作的一种系统。通过综合感知、可靠传送、智能分析和实时处理各种体育数据，为运动员训练以及大众人群体育锻炼等做好服务保障工作。当前，物联网已经形成了信息识别、获取、分析及应用完整的智能体系，人们将物联网的效能发挥到了极致，高效地分析数据，实现对外互联，探讨体育和万物之间的联系，使信息为体育服务，使数据成为导向，建设成一个万物相连的体育世界。

（二）人工智能：铸就"智慧体育"

体育已经步入人机交互协作时代，随着社会的发展、科技的进步，体育早已不再把身体作为一个要素来进行单一的表现。人工智能技术与体育的融合，带来了许多不错的反响。它使千百万体育教师、体育参与者、从业者摆脱烦琐劳动，从传统的人工协作中解放出来，并填补了很多缺陷。智能体育教具和智能终端的运用，开启了智能课堂；智能监控和评价以及运动技术评价的使用，为智能训练打开先河；应用传感器和借助智能机器，加速技术定型和技能调整。后台数据分析中心使动作的过程在实时监控和分析之中，因而数据分析反馈会进一步引导改进教学和培训。人工智能为体育服务产业、体育用品的制造和生产带来巨大经济价值，使智慧体育更好地为人们服务。

（三）高速低延：体育与生活无缝对接

5G 在增加速度、减少延时的同时，拉近了体育和生活的距离。智能生态系统聚集着世界上的一切，它把所有事物紧密地联系起来。在这样一个新时代下，体育的发展需要借助新科技来推动。构建体育智能生态系统，赋予体育更多的智能，让运动变得更加简单。在体育中融入互联网技术，利用云计算等现代信息技术和大数据进行数据分析，能够提高体育信息共享能力，促进全民健身。人们看体育赛事的方式也将更加新颖，借助 5G 和 VR 技术可以使体育赛事的真实场景跃然纸上，做到了零延时、零距离接触场景，家庭中还可借助虚拟现实来达到参与锻炼的目的，利用高速网络作为渠道来实现朋友、亲人之间的实时连线，一起参加体育运动。

三、5G 对全民健身信息服务的支撑优势

（一）方便全民健身信息采集和处理

"互联网＋"的迅猛发展和 5G 信息技术的应用，为全民健身提供了技术支撑，同时，借助高科技手段统计分析体育大数据，从而更加准确地服务于大众。由于过去人们搜集、处理资料的能力受到限制，仅能采用常规样本统计调查方式，单纯收集资料，资料的准确性、时性差。当今，传感器与数据传输技术的飞速发展，使数据获取方式从被动变为主动，参与者的运动信息可实时显示于画面。此外，应用智能体育还能降低体育场馆收集运动者消费信息所需要的费用，通过对每一个用户消费习惯的分析实现智能化和精细化的服务。

（二）提高全民健身信息传播效率

5G 和智能手机的流行使人们接受信息的途径发生了变化，依靠报纸、电视接受信息的途径开始小众化。在智能手机的帮助下，越来越多的年轻人在任何时

间、任何地点都可以看到网络中的各种资讯。随着新媒体时代的到来，传统媒体与新兴媒体融合发展已经成为趋势，智能体育作为一种全新的传播方式，也将会得到更好的发展。智能体育利用移动互联网的快速便捷等优势，以微博、网站、微信公众号及 App 等方式，为大众推送健身知识、举办比赛活动、提供健身场馆的开放情况及其他资料，使全民健身信息的传播效率得到提升，从而引领更多人投身全民健身。

（三）实现全民健身体育指导科学化

随着我国全民健身的发展，参加运动的人越来越多，大众对科学健身需求不断提高。一方面，因为社会体育指导员人数不够，不能对全民进行体育专业指导，且一些社会体育指导员的专业素养不高，引起了公众对这一专业的怀疑。健身俱乐部中虽然有很多专业体育指导人员，但是由于指导费用较高，导致部分群众无法得到专业的体育指导。另一方面，尽管人民生活水平在逐步改善，但是慢性病高发，越来越多的人开始选择以体育锻炼的方式维护身体健康，告别亚健康烦恼。由于传统的健身方式不能记录整个运动过程，人们不能充分掌握健身效果和身体情况，导致运动盲目或因看不到明显的锻炼效果，选择了放弃。受上述两个因素的制约，以较低成本获得科学、高效的健身方法，已成为广大人民群众的亟需，由此智能体育应运而生，并破解了这个难题。

智能体育充分发挥 5G 技术的优势，同时在移动互联网、智能化终端的辅助下实现线上体育健身指导，人们即便是坐在家里也可以随时拿起手机等终端设备来观看专业的健身指导视频。从社会体育指导员的角度来讲，一些专业能力并不是很高的社会体育指导员，他们可以借助网络开展自我学习，提升自身的专业水平，同时也可以在网上与其他专业水平较高的社会体育指导员互动、交流经验，从而持续提高专业素养，为全民健身提供更优质的服务。此外，为了让广大人民群众了解更多的体育健身知识，使其健身运动规范化、科学化，相关政府部门和小区物业应定期举办健身知识讲座，并将这些讲座录制成视频上传至网络，亦可以采用现场直播的方式让更多的人了解体育知识、接受体育教育。

在大数据和 5G 技术的帮助下，健身指导者与锻炼者之间的距离拉近了，同时二者之间的联系也更加紧密。在大数据和 5G 技术环境下，健身指导者可以及时了解、掌握锻炼者身体的各项指标情况，从而根据锻炼者的具体情况开具个性化的运动处方，不断规范锻炼者的运动，使其更加科学化。个性化的体育指导可以根据运动者的锻炼情况和身体情况作出相应的运动处方改变。众所周知，不同年龄、不同性别以及不同职业的人，运动健身需求各不相同，智能体育可以结合运动个性化需求因素制定个性化的运动方案，并对其运动进行科学的指导。例如，针对青少年群体，智能体育利用大数据平台对其卡路里的消耗进行计算，从而为青少年群体制定降脂、塑形的运动方案，从而降低他们在运动中发生运动损伤的风险。

智能体育使体育更具有科学性，在各类传感设备采集到的数据和云计算技术支持下，对数据进行分析，并结合用户的个性化需求制订相应的体育锻炼计划和饮食计划。一般来讲，智能体育会对大数据中收集的数据进行研究、判断，并以此来指导整个健身过程。现阶段，大部分的智能体育 App 中为用户提供了大量的运动健身知识，即便用户是一个业余的运动健身人士，通过这些知识的学习，也可以获得较大的收获。用户在开始运动之前，首先在智能体育 App 上进行身体状况的评测，并在身体评测结果的基础上进行科学的健身。此外，用户在开展运动的过程中可以实时掌握自身的各项身体指标，如无氧身体状态、有氧身体状态、心率安全区间预警等。运动结束后，用户可以结合此次的运动结果以及自身身体状况，制订下一次的运动健身计划，与此同时结合身体各项数据合理安排膳食。

（四）提供全民健身大数据服务

智能体育场馆和器材的应用，使运动数据的获取更精准便捷，在有关资料的帮助下，可以改善运动参与者训练效果，提高技术水平，为体育决策的制定提供行之有效的依据。

从数据价值的角度来讲，可以将运动大数据划分为初级、中级和高级 3 个层次。初级运动大数据，就是人们在日常生活中采集到的简单运动数据，属于纯记录型运动资料，很难给运动人群带来较大的参考改进价值，普通初级运动大数据包括步数、全球定位系统（GPS）等。中级运动大数据比初级运动数据具有更高的价值，可以分析运动人群的运动效果，并给出笼统的运动建议，常用中级运动大数据有心率、步频、步幅、步速和卡路里等。高级运动大数据主要是借助于智能设备对日常生活以及运动中的数据进行不间断的采集，使用数据促进运动人群的运动效率和运动效果，确保运动人群的身体健康。运动大数据的出现，将颠覆传统健康管理的模式和思路，国内部分大型公司纷纷捕捉运动大数据商机，并在市场崭露头角。

（五）提高国民体质监测和健康管理效率

国民体质与健康是一国安定发展之本，已有的国民体质监测机制虽能做到国民体质数据的简便采集，并生成报告，但是采集到的资料存在滞后性，无法实现对国民体质进行长期的监控与指导。5G 的推广，为我国全民健身数据的检测带来了更多的便利，同时全民健身数据的检测成本明显下降，效率也有了明显的提升。另外，建立在大数据基础上的健身服务，充分利用了健身对健康的促进作用，将人们的健康观念由"治疗"转向"预防"，这在很大程度上降低了我国人民慢性病的发病率，也减轻了我国医疗卫生负担。从以上的分析中，我们不难看出，智能体育的发展可以很好地将医疗、教育、卫生等各个行业融合在一起，同时也有助于引导更多的人参与全民健身运动，进而提升国民身体素质。

从某种意义上来讲，智能体育的发展可以结合大数据收集到的健身数据，制定科学的运动处方，同时也可以将收集的居民健身数据上传至云端，让社区医院、社区体育中心及时了解居民的身体指标情况，社区医院的医生则要结合这些数据开具相应的运动处方。

第三节 智能体育教育

一、"互联网 + 体育" 课堂教学

（一）体育智慧课堂概念及特征

1. 体育智慧课堂概念

智慧地球是 IBM（International Business Machines Corporation）于 2008 年提出的，在智慧地球概念提出之后的几年中，IT 行业又陆续提出了智慧医疗、智慧交通、智慧教育等概念。自智慧教育概念提出之后，教育界得到了较快的发展，也正是在智慧教育的基础上，最终形成了智慧课堂的概念。智慧课堂是智慧教育

的核心组成部分，它将信息技术与教育融合在一起，从而展开并完成课堂教学。智慧课堂的内涵是指在智慧化的环境下，借助大数据、互联网等技术手段促进学生智慧发展。为此，在智慧课堂内涵的基础上提出的体育智慧课堂是借助互联网、大数据等新一代的信息技术开展体育教学，如通过现代化的体育硬件设备让学生了解体育技能的掌握情况。此外，体育智慧课堂以培养学生终身体育意识和促进学生智慧发展为终极目标。

2. 体育智慧课堂特征

（1）教学环境信息化特征

一般情况下，体育智慧课堂教学环境的构建以智能为基础，它所包含的内容比较多，如录播系统、运动检测系统、移动终端系统、运动智能设备等。教师在教学的过程中，可以充分利用信息化的教学设备来开展教学，通过这样的方法，教师可以改变传统讲解示范的教学方式，用声像资料为学生提供更加形象化的教学。在条件允许的情况下，教师可以借助传感设备，让学生对体育运动技能有一个更加深入的理解，从而掌握体育运动技能。由此可以看出，体育智慧课堂不仅给教师的教学带来了便利，同时也为学生的学习提供了便利，这在一定程度上体现了体育智慧课堂的优势。

（2）内容推送智能化特征

众所周知，智慧课堂既拥有多样化的信息技术手段，也拥有丰富的多媒体教学资源，这些都在很大程度上实现了教学优化。教师在开展课堂教学时，可以通过数据采集的方式了解、掌握学生的身体情况，从整体上对学生的运动能力有一个正确的认识。在这样的环境下，教师可以有针对性地为学生提供学习资料，制订运动计划。除此之外，在智慧课堂环境下，学生可以"原封不动"地保存课堂教学内容，方便他们日后的复习，换句话来讲他们随时随地都可以对之前的教学内容进行复习，这也提升了学习资源的利用率。

（3）评价反馈即时化

在智慧课堂环境下，教师可以借助大数据等新一代技术，监测学生学习的整个过程，与此同时还可以收集学生不同阶段的学习信息，掌握学生的学习状态，从而对学生进行科学的判断与评价。对学生的监测包括很多方面的内容，如在上课前对学生的身体状况进行记录，对课堂中的练习情况进行检测并及时反馈，对课后学生的运动情况进行跟踪等。

（二）体育智慧课堂的构建

1.信息化校园为体育智慧课堂提供了构建环境

当前，校园对信息技术的依赖程度较高。在校园服务方面，有图书馆系统、信息发布系统、一卡通等；在教学资源方面，有微课、在线学习、课件资源；在教学环境方面，设有多媒体报告厅、云办公、实验室；在校园基础设施方面，实现了网络系统的全面覆盖、信息机房、运动场馆、数据库系统等。体育智慧课堂的构建无论是硬件设施，还是软件系统，必定需要智能技术的支撑。智能手机、计算机已经成为每个大学生的基本配置，网站、浏览器、移动 App 等为信息的传递和接收提供了保障。体育智慧课堂的构建主要以智能手机为载体，结合运动设备（运动手环、体测仪等），通过教师端、学生端和环境端完成体育课程教学，信息化的校园大环境为体育智慧课堂的构建和应用创造了有利条件。

2.体育智慧课堂的构建是教育革命对大学体育教学的要求

随着现代信息技术与教育的深度融合，在体育教学中学生需要掌握的知识、技能也呈现多元化的特点，传统的体育教学模式已经很难适应当前的教学要求。近几年，"互联网＋教育"得到了深入的发展，在线课堂、移动终端等都已经成为课堂教学的一部分。改变教学方式并不意味着否定传统的体育教学，而是传承与发展。由此可以看出，信息技术与教育的融合发展已经成为一种趋势，并且是不可逆的。从某种意义上来讲，信息技术与教育的深度融合为我国素质教育、智慧教育提供了强有力的支撑。随着时代的进步与发展，教师不应停滞不前，应紧随时代发展的脚步，不断革新自身的教学理念，并在此基础上创新教学方法与教学模式，以此来提升课堂教学质量。中共中央、国务院于 2018 年颁发了《关于全面深化新时代教师队伍建设改革的意见》，该意见的提出要求广大教育工作者要紧随时代发展的脚步，积极适应新技术的发展与变革，同时也要积极开展高效的课堂教学。因此，教师应转变教学理念，快速完成自身角色的转变，即完成"主导者"向"合作者"的角色转变，从而为积极构建智慧体育课堂而贡献自己的力量。

3.体育智慧课堂的构建成为大学体育教学的发展机遇

随着大数据时代的来临，信息技术得到了全面的普及，同时也诞生了一些新的教育理念，如智慧教育等，这为我国体育教学开辟了一条新的道路。对于体育教学改革而言，这不仅是一个机遇，也是一种挑战。从建构主义学习理论的角度来讲，其目的就是寻求更高级的教学途径。建构主义学习理论为体育智慧课堂的构建提供了理论基础，大数据时代的互联网技术和云端技术等为体育智慧课堂的构建提供了技术支持。将两者有效融合起来形成新的教学方式——体育智慧课堂。两者有机结合之后，通过创建信息化、智慧型高校体育课堂，使学生通过体育实践的方式来掌握体育运动技能，并在此基础上提升自身体质。与传统体育课堂相比，智慧课堂可以有效激发学生自主学习的意识和能力，同时也可以提升学生的合作创新能力，进而提升学生的学习技能。建设体育智慧课堂，就是以体育课堂教学为依托，将信息技术进行深度整合，不仅顺应了高校课程改革发展的时代潮流，还可以达到现今时代大学生培养的目标。

二、课外体育锻炼 App

（一）健身类 App 与课外体育活动的关系

1. 健身类 App 可丰富与拓展学生课外体育活动

（1）丰富活动内容

随着人们生活质量的提升，人们的健身意识也得到了很大的提升。"互联网 +"的发展与融合，为众多服务类、社会管理类等带来的是机遇和挑战。体育作为人们日常生活中不可缺少的部分，发生了翻天覆地的变化，"网络 + 体育"还为体育提供了更多发展的可能。健身类 App 受到信息化和智能化的影响，正在不断创新和发展，大学生作为一个庞大的应用群体，就实际情况而言，当前的社会环境为学生的体育活动带来新鲜的血液，使学生拥有较大选择权。健身类 App 为学生提供功能、类型多样的服务内容，在功能服务方面，许多 App 为学生制订运动计划，共享运动知识，提供健身指导视频及其他功能；从 App 类型来看，目前市场上的运动 App，如悦跑圈、动动计步器、Nike Run Club 等软件属于跑步类 App范畴，能对跑步过程中的有关数据进行监测和记录等，结束锻炼之后还能进行全面的分析。也有不少其他健身指导类、减肥塑形等具体运动项目的健身类 App，这些健身类 App 不断丰富着学生课外体育活动，学生可以利用课余时间，接触各种运动项目，参加各种体育运动形式，满足学生对运动项目的多元选择，使学生课外体育活动不再单调乏味。

（2）体验运动乐趣

信息化时代，运动方式正在发生着变化。在智能化体育运动产品的推动下，人们能够进行运动升级，学生在校期间所学体育知识和技能还比较有限，尽管体育课程始终处于改革和发展过程中，但仍受许多客观因素制约，如学校场地、体育场馆、体育器材及软、硬件设施等，健身类 App 的应运而生，在某种程度上打破了学生课外体育没有场地以及活动时间受限的局面。随着互联网技术的飞速发展，越来越多的人选择利用移动网络进行体育锻炼。智能体育 App 具有便捷性和即时性的特点，换句话来讲就是学生可以随时随地打开或关闭智能 App。众所周知，社会上虽然有很多的健身运动场馆和场地，但这些场馆或场地都有一定的营业时间，智能体育 App 则没有时间上的限制，只要学生想学习体育和健身知识，便可以打开智能体育 App 进行学习，也可以在线上与其他人进行互动。影响大学生进行体育运动的因素之一是缺乏足够的运动场所，因此在健身类 App 的设计上，有许多活动内容考虑了场地这个因素，并开展市场调研，以适应并减轻这一因素带来的影响，如每日瑜伽 App、Fit 私人教练等，使用者仅需准备瑜伽垫或者简单且可操作性强的设备，然后就可以在线学习了。学生将健身类 App 运用于课外体育活动，打破时空限制，在锻炼中感受锻炼带给人肉体、心理上的愉悦和享受。

2. 健身类 App 监督并鼓励学生参加锻炼

（1）线上智能化管理

健身类 App 是监管学生课外体育活动的"学校"，并对学生课外体育活动进行智能化管理。现阶段，我国已经有一部分高校开始利用手机 App 对学生的课外运动情况进行监管，不同的学校采用的软件也有所不同，如运动世界校园 App 等。在运动世界校园 App 上，高校可以设置每个学期的运动目标，学生通过登录运动世界校园 App 了解自己该学期的运动里程，并结合自身实际情况以及 App 中设定的运动强度、运动量按时完成运动，该软件可对学生课外体育活动有关数据进行记录和分析，按顺序进行积累、记录，并将其反馈给管理者。

（2）课外监督、激励

目前，网络技术发展迅速，现代远程教学、云课堂、慕课也被运用到许多学科教学之中，体育学科当然也不例外，如许多学校体育慕课深受学生欢迎，这些都是使用电子设备，并以移动互联媒体等为媒介的学习方式，因而在高校中持续盛行并蓬勃发展。基于在"网络＋体育"大环境下，许多学校都把学生课外体育活动作为工作重点，联合商家开发健身类App，并对学生的课外运动进行监管。就目前所研发的App来讲，大部分是对长跑运动项目的考核与量化，学生通过在App上锻炼打卡，从而获得相应比例的体育学分，通过这样的方式不仅在一定程度上激发了学生参与课外体育活动的积极性，也在无形中增加了学生参加课外体育活动的时间，除此之外，通过这种方式也提升了高校对课外体育活动的监管效益。

（二）健身类App在课外体育活动中应用的优势

1. 课内课外一体化

健身类App是一种手机常用的应用服务，此外，现阶段学生使用智能手机的频率十分高，因此，学生使用健身类App的用户数量也很可观。研究发现，学生业余时间利用健身类App进行体育活动，他们的参与动机主要有两种：一是自主需求，二是学校要求。自主需求是最主要的，此类学生持有以下看法：学校公共体育课课时固定，在公共体育课上基本是体育教师授课，学生自主学练的形式，存在着课时受限、所学知识较为单一等问题，使得这类学生对体育锻炼的需求得不到满足。因此，学生利用健身类App开展形式多样的课外体育活动，以补充和延伸体育课上学到的知识，还可以学到平常课上不曾触及的体育运动项目，至此健身类App成了名副其实的体育锻炼助手。

2. 课外活动在线化

"互联＋体育"的迅猛发展和推进，各种健身类App形式层出不穷，为人们提供了诸多方便，为锻炼提供更大可能，因此，越来越多的学生开始使用健身类App。以健身类App为视角来看，市场上健身类App种类繁多，学生所使用的健身类App一般是市场上广泛流行，或由学校、企业共同研发的，这些健身类App在类型上被归类于跑步类、健身指导类、运动监控类、预约场地类等。运动App为学生带来更大方便和选择，一般健身类的运动App容易被学生接受，学生在长期的使用中可以从中挑选更适合自己且功能性强的App长期使用，此外，校企合作研发的App，都是经过学校调查研究的，是学校研究后的结晶，它是从App自身拥有的类型中寻找更适合大部分学生使用的功能，结合学校环境、体育教师教学与学生态度等诸多问题，最大限度上增加学生课外活动量，实现学生课外体育活动在线化。

就健身类 App 所具备的功能而言，众多类型的健身 App 拥有多种功能，且功能十分强大，学生可通过 App 在线上直接预约教练，进行健身指导和学习，可预约锻炼场地，观看体育锻炼的录像，了解一个或几个体育运动项目的特点。例如，学生通过日常瑜伽 App 购买线上形体课，并在指定上课时段，开展线上线下视频学习。许多健身类 App 都可以依据学生提供的运动情况、身体信息以及其他一些基本信息，为他们制定合乎需要的体育锻炼建议、方案以及多样化服务，从而较大程度提升学生好感度。从这几个角度来看，健身类 App 可以对学生课外体育活动进行辅导和服务，使学生利用业余时间，根据爱好及项目偏向做运动，不仅提高活动量，也确实做到了引导学生课外体育锻炼，学生通过健身类 App 了解更加科学的体育锻炼知识与方法，进一步提升学生课外体育锻炼水平和质量。

3. 体育推送便于学习

不同类型的健身 App 有其独特的信息推送方式与倾向，有些软件是针对不同应用人群、用户给出的数据以及历史行为记录等，推送有关的信息资料。时下健身类 App 受到大学生追捧，学生使用率相当高，就学生所使用的健身类的 App 而言，其类型涉及很多方面，如身材管理、人际交往、学习体育运动知识等。学生将健身类 App 运用于课外体育活动，可借助体育知识、健身教学视频与健康运动饮食相关信息进行推送。学生得到推送过来的消息，既能自主运动，也能被动协同。当然，健身类 App 还应在功能和服务上持续提升，使更多用户得到锻炼乐趣，增强人生幸福感。

4. 提供智能化服务与监督

一般情况下，高校在选择健身类 App 时，基本上是为完成学校长跑计划，充实学生体育活动，健全对课外体育活动的监管制度。就一些软件而言，既能达到监管的效果，还有辅助体质测试、建设智能场馆管理以及发展校园线下体育活动的作用。所以，学校在 App 的支持下，将学生作为应用的主体，通过健身类 App 为学生提供智能化服务与监督，在某种程度上实现了课外体育活动的效益，增强了一部分学生的体质健康。课外体育活动是高校体育的一个重要组成部分，利用健身类 App 作为载体，规范课外体育活动具有可行性，实现了校内课外体育活动和智能化设备之间的衔接，也为高校体育的智能化发展提供了契机，使高校体育管理工作顺利进行，当然机遇和挑战同时存在，唯有不断与时俱进、推陈出新，才能使高校体育发展迈上一个新台阶。

（三）健身类 App 在课外体育活动中的应用策略

1. 控制屏幕使用频度，合理利用课余时间

在学习和生活中，经常会用到电子屏幕，这给学生带来许多不良后果。国家、学校、社会等方面应从多种途径督促学生主动进行体育锻炼，旨在将学生从手机中解放出来，走出宿舍、走向运动场地，有效参与运动，以增强体质。健身类的 App，虽然为学生参与体育运动提供了诸多便利，但是间接地造成了电子屏幕使用频率的提高。这种情况下如何解决学生在使用电子屏幕过程中存在的一些问题呢？如果想要处理好这个问题，还应当从学生本身做起。

第一，学生应掌握好每天使用电子屏幕的时间，在完成学习和作业后使用手机或者计算机消遣时，应把握好时间，适当休息、放松身体和双眼。

第二，学生在课外体育活动时间范围内使用健身类 App，在观看体育锻炼视频时，要留一些时间减轻眼睛疲劳，如当用健身类 App 观看、学习各类燃脂训练视频时，在连续训练 15 分钟之后，跟着音乐放松身体，然后再做下一步的训练。当利用健身类 App 跑步打卡时，可以设置语音提醒功能，实时播报数据，如有失误、迟缓播报等情况，要从自身需求出发，再看手机。通过独立使用操控，达到合理降低电子屏幕使用频率，加之长时间应用健身类 App 开展课外体育活动，逐步培养运动习惯，以及学习有效利用健身类 App 的方法与途径，减少使用电子屏幕频率，以保护眼睛，增强自己健康管理意识。

第三，学生还应对空余时间合理安排，尽可能地在确保正常学习生活的前提下，选择合适的时间参加课外体育活动，确保一定课外体育活动量，可采取早起运动的方式，不仅可以实现锻炼数量，还能更好地安排一天，也可安排下午课下锻炼 30 分钟以上，或是跟着常用 App 进行体育锻炼等，对课余时间进行更加合理、高效的分配，使人生更充实，更加多彩多姿。

2. 科学规划促进锻炼，逐渐养成良好习惯

学生通过健身类 App 进行课外体育活动的同时，应不断强化体育意识，养成

牢固、良好的生活习惯，做科学、有规划的体育锻炼，只有在此基础上，才能够发挥健身 App 的作用，以实现学生所期望的锻炼效果与价值。同时，还需要对学生参与健身活动的动机和目的进行分析和研究，从而制订出科学合理的计划和方案，保证其具有科学性和可行性。就体育运动而言，科学合理地制订运动计划至关重要，学生可在健身类 App 中依据运动计划拟定功能，经过多次的运动实践之后，根据该软件的记忆与建议，对运动计划进行适当的调整，如果在较长时间内一直无法达到预定目标，可根据自身条件，调整运动计划、途径和方法。通过制定科学合理的锻炼方案，可以促进健康行为，从而更好地控制身体状态。若不想在健身类 App 的帮助下制订计划方案，还可根据个人运动习惯，或结伴同行，开展有计划性的课余体育活动，在互鉴互助中，一起完成体育锻炼，既能增加互动，又可以借助对方的力量完成运动计划。简单地说，就是学生应该做好体育锻炼，以及通过体育运动获取知识的能力、学习技能、减轻疲劳等，这一切的关键在于体育运动规划的制定。

学生有必要安排科学、精细的课外体育活动，利用某些激励功能，逐渐养成个体体育锻炼的好习惯。第一，学生应把每天能安排好的空闲时间都统计好，并标注好上课时间、每周体育活动固定安排及学习时间，如每天早上提前一点起床进行跑步锻炼，没有课时，要合理安排体育活动，双休日闲暇时更要积极参加体育社团活动。第二，学生要根据自身条件制订相应的计划并付诸行动。把时间安排得井井有条之后，随机抽取符合时间的运动场所，比如，可结伴到学校空地上跳绳、寝室练瑜伽、减肥操等。在有条件的情况下，可以借助音乐，带动锻炼的气氛。第三，可在健身类 App 上设置提示、运动签到或者公开显示共享数据的功能，以便持续地催促自己，这种激励功能，对课外体育运动有一定程度的保障，有了固定的时间，便可促使学生逐渐养成良好的运动习惯。

3. 开发多元功能应用，增强可持续性兴趣

通常情况下，学生参加体育活动，多选用跑步类 App，在运动过程中记录并监测相应的生理数据等。鉴于学生健身类 App 功能应用单一的问题，学生在支配自己业余时间的同时，对自身体育活动要有充分的认识与理解，与此同时，也要认识到课外体育活动与锻炼系统化的意义。

目前，学生对健身类 App 使用的稳定性较差，经常会因为对健身类 App 充

满好奇，或是朋友的建议而任意挑选使用一款健身类 App，后来由于某些主客观原因选择弃用或者转用其他软件等，难以坚持应用，也难以对其产生持久的兴趣。因此，学生在选择健身类 App 软件时，应根据自身对运动的兴趣、课余时间、运动目的等多个角度进行思考，最终筛选出一个或者多个合适的健身类 App，且长期坚持使用。每类 App 都有其特定的核心功能，当做好选择之后，要长时间的坚持与系统的实践，只有这样才能获得最大限度的锻炼，并保持体育兴趣。

4. 规范管理方式要求，降低使用风险要素

健身类 App 开发商需要格外重视对产品开发、设计和推广等工作的规划，与此同时，还要不断规范开发与运营的管理，在确保产品安全性能的前提下，关注健身类 App 整体产业发展，为行业中的大、中、小企业发展创造良好、可持续发展的环境。例如，Keep、悦动圈、咕咚等，这些都是使用度比较高的健身 App，在发挥其作用的同时，让健身指导的内容、方法与途径得到不断改进，一起让健身类 App 产业走向规范化，更好地服务于用户。在校企合作研发的健身类 App 中，更重要的是要立足于满足学生对课外体育的需要，适应学校课余体育活动的管理是关键，对健身类 App 管理方式进行持续规范，淘汰功能性差的软件，让功能稳定性强且安全指数高的健身类 App 得到运用。唯有对健身类 App 管理方式进行深化和规范，健身类 App 才能有更大的发展和进步，进而让更多学生相信、依靠和运用健身类 App 参与体育锻炼。

健身类 App 的载体是手机网络，学生在接受健身类 App 的多功能体育指导的同时，还应对服务中的广告植入、线上聊天儿，以及其他各种外显、内隐的安全问题提高警觉。针对这类问题，当健身类 App 投入使用后，对可能存在的虚假信息、来电等，学生应增加防范意识，避免被骗，以免导致经济和其他方面的损失。健身类 App 本身也应增加软件安全加固与程序等方面的防护，当学生注册或者登陆该软件后，要确保学生信息安全保密，减少该软件发生漏洞的概率。健身类 App 只有为学生提供足够安全的环境，才能逐渐提升软件的用户量，并在市场上获得好评。

5. 学校加大引导力度，构建合理测评体系

学校的引导和管理对于学生来说有着重大的作用。学校应给予健身类 App 足够的重视，还应在学生对健身类 App 的规范和恰当使用给予相应指导，组织规范

网络使用专题演讲，举办形式多样的主题班会活动等，以此增强学生对钓鱼网站、垃圾广告和软件的认识，进而提升防范意识，与此同时，让学生认识和理解保护信息的基本方法，还可借助课外体育竞赛、体育社团与线上体育活动评比相结合等多种形式，提高课外体育活动关注度，积极指导学生使用健身类 App 充实课外体育活动内容，加强体育锻炼等。

校园运动对高校体育也起到了一定的助推作用。在学生和 App 之间，学校起到了重要的衔接作用，有必要全面地考虑学生学习的需要，并在此基础上结合学生应用 App 之后提供的反馈和意见，与 App 研发主体进行交流，让研发主体根据学校的需求、学生诉求及现实情况对软件进行调整及改进，以及应用功能的持续发展与扩展，学校还须加强指导和辅导，改进对学生使用情况的评价，积极构建"网络＋体育"校园体育文化氛围。

另外，将使用 App 打卡情况纳入学生体育成绩的学校，调查学生对待评价方式的态度，以学生反馈和态度为基础，考虑多方面的因素，并参考其他省市高校使用校园 App 打卡实例，构建更合理的测评体系，使学生在课外不仅通过指定打卡，提高课外体育活动量、养成体育锻炼的习惯，养成终身体育的意识，还可得到学校的正面指导与鼓励。使用各类高质量健身类 App，参加课外体育活动，让课内体育课和课外体育活动相互配合，让学生获得更大回报。

三、"互联网＋"体质测试

（一）我国的学生体质健康标准条例的实施

1. 实施的背景

自 1949 年以来，国家高度关注学生的身体素质建设，并且鼓励学生进行体育活动来强化体质，制定了很多体育锻炼的文件，并积极推进实践，还在毕业升学考试中设置了体育考试的标准和要求。为了推动我国学校体育工作的良性发展，鼓励并促进学生主动参与体育锻炼，增强学生体质，我国自 2002 年起，在全国范围内进行了《学生体质健康标准》的试点。经过多年努力，目前已经建立起一个较为完善的评价体系，能够对学生身体健康状况作出综合评定。2014 年，根据全国学生体质情况，国家制定了最新《国家学生体质健康标准》，其目的是发挥学生锻炼的积极性。此外，规定了各个学校要进行早操、课间操等课余的体育活动。近几年，又颁布了有关学生的体质健康的文件，并在各个学校实施。

2. 实施的意义

学生体质健康标准的实行与网络管理的实现，能够减轻学校、教师以及学生在体质健康测试方面的工作量，帮助家长对学生的体育活动进行有效的监督，促进体育教学的顺利展开。

学生的课余体育活动与体质健康测试都是学校体育工作的重要环节，能够影响学生的身体素质。运动方式的实施、运动结构的评价以及体质健康的测试等实现网络化管理，可以让学生及时得到自身体质测试的评价结果，这样才能够更好地进行运动，达到更好的锻炼效果。通过体质健康测试软件，让学生在运动和锻炼的过程中清楚地了解自己的身体素质和健康情况，形成学生体质健康测试的网络管理体系。

3. 体质测试智能化管理

国家在 2013 年开始要求各地学校将体质测试数据上报到学生体质健康网，数据上报平台开启了体质测试数据智能化管理。

体质测试实现智能化管理，将测试管理软件与测试硬件结合起来，能够将体质测试与数据处理同步上传，充分发挥出"互联网＋"的优势，方便管理者管理各项数据，教师和学生及时查看测试结果，实现对学生体质健康动态变化的长期有效监测，同时通过各方面的评价结果制定出包括生活方式、运动处方、膳食营养等科学的指导和训练方案。

（二）基于互联网下学生体质健康发展策略

充分利用互联网技术，建立校际之间集数据获取、数据分析、数据评估、健康指导与干预功能为一体的学生体质健康数据平台，可以方便协助教育管理部门决策，督促大学生主动参与体育锻炼，有效地促进"阳光体育运动"向学生群体广泛普及。在此数据平台的基础上，从根源上解决学生体质健康水平滑坡问题，达到增强学生体质健康的目的。下面是学生体质健康数据平台的基本框架（图 2-3-1）：

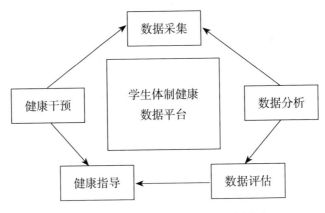

图 2-3-1　学生体质健康数据平台基本框架

1.通过数据采集为调查工作提供数据支撑

数据是对学生体质进行管理的依据，通过大量、可靠、样式丰富的资料，能得到更逼真、更有益的分析结果，从而为调查提供强有力的资料支持，这对于后续数据平台应用有着重要的指导意义。针对目前高校体育管理部门，在实施学生体质健康状况监测时存在的问题和不足，研究者提出了一种基于校园网络环境下学生体质健康数据采集系统设计方案。为了达到数据采集的目的，必须先从学生个体出发，将大学生的姓名、年龄、性别、所在学校、班级以及所学专业等信息，统一录入到学生体质健康数据平台上，由此构建个人体质健康数据库，有关资料均汇集于数据库中，便于后续的数据分析、加工和其他步骤。同时，还必须遵循一定的标准和规范来保证数据的质量。对资料的采集，要以多角度为原则，大量搜集学生体质健康的有关资料。

伴随着高校学生数量的日益增多，体质健康数据来源亦表现出庞大的数量，并且呈现多元性特点。数据来源可以归纳为以下三个方面：

（1）体能测试

学校体能测试的实施是增强学生体质健康的众多重要表现中的一种。它为体育教学与训练提供可靠依据，也为教师了解学生体质状况以及制订教学计划、安排运动量等提供数据。按照《学生体质健康标准》中的具体规定，学生要完成的项目有身高、体重、肺活量、50米跑、立定跳远、引体向上（男声）或者仰卧起坐（女生）、长跑800米（女生）或者1000米（男生）等。此外，还有一些其他运动形式的测试项目，在此就不一一列举了。这些检测项目能够对学生的身体匀称度、各脏器的功能、下肢爆发力和身体协调能力、身体伸展性与弹性、柔韧素质及耐力等进行评价，从而较大程度地体现了学生的体质健康状况。通过对高校大学生体育教学中体能测试现状分析，发现目前高校体育教育过程中体能测试存在着一些问题。例如，在现阶段，采集了学生的体能测试数据后，数据资料的录入需要耗费一定的人力、物力。在信息技术不断发展的今天，物联网已经进入人们的生产生活，测试终端和数据中心之间信息互联终将实现，这使采集数据更加方便，效率更高。

（2）体育课程的学习情况

长期以来，体育课程是学生在学校学习必不可少的一门重要学科，学生对体育课程的学习状况包括课堂教学时间、学习内容等，除此之外，还包括学生对内容的掌握情况和教师对学生课堂表现等方面的评价。这些数据资料均能上传到学生体质健康平台，并为后面的分析工作提供数据支持。

（3）日常运动行为数据

除了上述正规的体能测试外，学生日常运动行为也关系到学生体质健康水平。目前在高校中，学生每天都会有大量的身体活动信息产生。在过去，虽然这种资料比较难搜集，但是随着科学技术的进步，研究者开发了更加智能的终端和应用。如使用智能穿戴设备，对学生步数、心率、血压、脉搏等指标作实时的监测；通过健康类手机 App 即时跟踪学生体质健康状况；利用移动互联网技术获取到大量相关的数据资料，包括学生每天每时的运动量以及锻炼时间等数据，从而形成完整的学生日常运动行为数据库。此外，也有很多其他资料可以为学生体质健康调查工作奠定基础，如线上消费信息、医疗数据等，均可作为有用的数据上传至个人数据库中。

2. 以互联网技术完善科学评估体系

依据《学生体质健康标准》，结合互联网的分析结果，制定学生体质健康科学评价标准，能让学校体质健康评估体系更健全。在此基础上构建基于大数据平台下的高校学生体质健康评估系统模型，对比数据分析结果和科学评估标准，找出学生体质健康状况和评估标准之间存在的差距，学校及教育部门比较容易把握学生体质健康的变化规律，因此，对于改善学生体质健康水平的发展有着现实的指导意义。另外，还能在一定程度上避免由正规体质测试产生的错误决策。同时，学生还可以通过互联网评估体系更深刻地认识自己体质健康状况，对于增强学生体育锻炼的意识是相当有益的。

3.通过互联网平台为大学生提供深入指导

借助互联网平台，学校及教育管理部门可实时公布体质健康知识，弘扬"健康第一"思想，把科学的健身方法、睡眠时间的合理安排、饮食搭配的配方以及心理健康知识等，通过数据平台与各校学生共享，从而促进学生提高对增强个人体质的认识，指导学生有意识地参与体能锻炼。一方面，通过网络数据分析学生个体体质健康状况，有助于教师及时掌握学生在身体形态方面存在的问题，从而采取有针对性的措施来改善这一状况。另一方面，通过互联网对学生的个人体质健康数据库进行分析，可以产生个性化体质健康报告单，以差异化体质健康报告单为基础，互联网平台能够给每一位学生带来不一样的健康指导，为学生提供有针对性的健康知识技巧及体育锻炼方案。

4.在互联网分析基础上制定干预办法

互联网分析结果可以为学校或者上级教育部门在制定干预方法时，提供可靠依据。互联网数据分析技术具有实时性强、数据量大等优点，可以实现对学生的即时监测与跟踪。通过互联网的分析，能全面掌握学生群体和个人体质健康水平，并以此为依据，编排体育课程学习的科学模块，为体质健康水平相对滞后的大学生制订个性化体质训练计划，另外还可以通过智能穿戴设备或者健康类 App，对学生的行为数据进行捕捉，从而使大学生的体质健康水平得到最大化的提升。

第四节　智能体育服务

一、智慧体育场馆

（一）智慧体育场馆的概念及特点

随着科学技术的发展，体育行业发展受到虚拟现实、大数据、云计算、人工智能、物联网以及其他各种新技术所带来的重大冲击。其中，智慧体育场馆作为一种新型的体育管理方式也成为当下研究的热点。在体育产业升级的同时，也在进行着转型，新技术引领和激发体育场馆智慧化发展，智慧体育场馆突破传统体育场馆限制，通过智能化管理模式能够对体育场馆利用率起到一定优化作用，让场馆经营更绿色、更环保，并且达到价值最大化。因此，如何更好地发挥智慧体育场馆的优势成为当下研究的热点问题之一。

智能体育场馆是指依靠一些新技术（如人工智能和大数据的技术等）的体育场馆，场馆内的设施得到了合理的改建，特别是通过配备智能化相关系统后，使场馆在初期设计、工程的施工建设和后期的实际运行过程中，均将这些新兴技术纳入其中，从而达到优化场馆运营效率的目的，满足用户对于场馆各方面功能的要求，给用户提供更好的服务，提升用户体验感。事实上，智慧体育场馆不仅是指将技术融入场馆建筑与设施之中，还更加注重智能技术在场馆服务中以及管理与经营中的应用。通过对场馆软、硬件设施的优化，节约了场馆运营开支，充实了场馆服务内容，从而提高了场馆整体效益。

智慧体育场馆涵盖了两个层面的内容——硬件和软件的智慧化。其中，硬件是基础，软件是灵魂。从硬件方面来说，设施、设备科技化，如智能闸机、灯光音响等设备；从软件方面来说，是场馆系统智能化，也就是在通信网络系统、场馆监控系统中和场馆专用系统引进智能化技术，覆盖水电节能供应、自动调节温度、实现安全防范自动化等诸多方面。

目前，社会经济的发展一再刷新历史纪录，一大批新兴的技术层出不穷，场馆硬件设施优势不再突出，以智能终端和软件为依托衍生出来的多种服务模式，可以有效地提高体育场馆竞争力，也就是智慧体育场馆理念的第二层次，主要包括信息化管理、数据化运营和互动化服务三个方面。智慧体育馆的建设与推广离不开信息技术手段的支持，其中信息化管理是指在互联网软件的帮助下进行信息的发布和用户的管理等多个方面，帮助管理人员高效率地完成场馆的查询、预定、退订等服务；数据化运营是把场馆中的人和物都转化为基础数据，再进行搜集、归纳、研究，根据分析结果绘制用户画像，以掌握用户实际需要；互动化服务是在目前先进信息技术基础上建立起来的多种增值服务，为使用者提供便捷的体验方式，如收录赛事评论、社区互动和在线预测等（图2-4-1）。

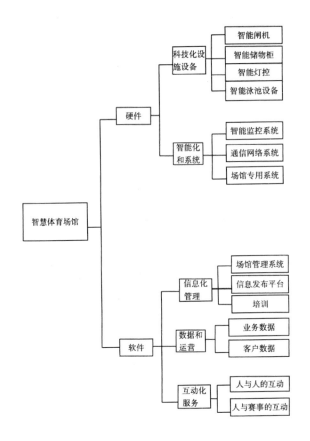

图 2-4-1　智慧体育场馆软硬件分析图

以智慧体育场馆为例，具有以人为本的特点以及绿色可持续、科技智能的优点。其中，以人为本是其核心要素和灵魂所在。以人为本是服务理念由过去体育场馆"准时开门、准时下班、客户娱乐、只收取费用"转变为"以客户为中心"，强调改善用户使用体验，特别关注场馆使用者的特定需求，从用户的视角出发，对场馆设施进行调整，增加服务项目。绿色可持续是指借助智能设施、装置减少水电及其他能源浪费，既可取得社会效益，又能增加经济效益。科技智能是指体育场馆内的智能、自动化基础设施的安装，确保赛事和其他活动高质量运行；运用人工智能技术和云计算手段，实现对场馆内人员、物品、信息的管理。借助大数据和互联网技术，对客户需求进行分析，方便客户的同时，又使工作质量得到优化。

（二）智慧体育场馆发展现状

1.偏重智慧场馆建筑与布线系统

早期的智慧体育场馆多将硬件设施的智能化作为建设的方向，注重对场馆建筑结构、造型、材质、设施等方面的优化，在计算机技术、通信技术和控制技术的支持下，增加智能设备、产品和系统，创造出人性化、舒适化且具有高度便利性的环境。目前，智慧体育场馆的设计理念逐渐向"以人为本"转变，注重人在使用过程中的需求与感受，实现场馆服务的个性化与差异化。智慧体育场馆更注重布线系统结构化，通过对光纤、铜缆的合理布局，保证场馆内的数据、语音、图像和其他信息资料的传输。随着科技的发展，人们越来越重视智慧体育，智慧体育场馆在设计时不仅注重安全性、舒适性，还考虑功能性和经济性。从整体上看，目前，我国智慧体育场馆所涉及的智能化建设多数都是在基础层面，更加强调的是建筑和布线，其主要目标则是施工安全、经济、环保、高效等。

2.信息化建设处于起步阶段

体育产业要整合目前先进的"互联网＋"技术，促进行业发展和转型，这给我国体育产业的迅猛发展带来新的机遇，以移动互联网技术为依托的智慧体育场馆信息化建设也就成了现阶段关注的焦点。目前，随着社会经济与科技水平的不断提高，智慧体育已经成为一种全新的发展趋势。2018年，国家体育总局颁布了《大型体育场馆信息化监管系统建设试点工作方案》，在信息技术的帮助下，达到优化管理模式，提高场馆服务质量等目的。智慧体育场馆是以智能设备及网络为基础构建的一种新型服务模式，能够有效地提高体育场馆管理工作效率和服务水平，进而带动体育事业整体水平的提升。视频、网络通信等现代信息技术在体育场馆开发中带来了巨大发展动力，也使体育场馆的管理工作逐步呈现电子化、网络化、数字化以及集成化的发展趋势。因此，在这一背景下，开展智慧体育场馆信息化试点是十分必要的。现阶段智慧体育场馆的信息化试点正在起步，建设成果还没有显现出来，还有待进一步的推动和实施。

3.智能化系统尚未广泛应用

目前，体育场馆建设规模一再刷新历史纪录，这些系统中既有先进信息化管理系统，又有与智能技术相结合的一大批设施和系统，如应用于门禁系统的射频识别技术等，能对往来的车辆进行实时的监测，还能对往来车辆和驾驶员的身份进行精确的判断，保证场馆的安全；楼宇自动化系统使运营者在电气、消防、安保和照明方面的工作更加便捷；LED 显示控制系统可以为各种体育赛事的转播和录制提供服务。这些都是当前我国体育场馆所使用到的主要信息技术类型，也是发展过程中不可或缺的组成部分。从信息化建设的角度来看，我国体育场馆相对落后，一大批高级智能技术还没有得到普遍应用，这类系统目前尚在初期的建设规划中。

4. 服务理念和水平有待提高

全民健身国家战略日益深入人心，在此背景下建设智慧体育场馆，除需适应不同种类体育赛事的承办要求外，也要适应人民群众不断增长的多元化需求。通过对当前国内外智慧体育场馆建设情况分析后发现，智慧体育场馆在智能化设施设备的帮助下，服务理念与层次随之提升。与传统体育场馆相比较，虽然在体育赛事运营方面、场馆信息的发布方面等更有优势，但是还是要以用户为中心，有效提升顾客满意度。研究者对我国当前智慧体育场馆的现状与未来趋势做了相关分析研究。根据智慧体育场馆未来发展的趋势，各领域专家都提出了一些相应构想，多数趋向于在体育场馆开发上充分利用新兴技术，以便提高场馆服务质量，优化场馆资源配置，稳步推进场馆信息化管理工作，提升场馆资源管理效率。

（三）5G 助力体育场馆软件设施的提升

1. 信息化管理，提高场馆管理水平

随着体育场馆和消费人数不断增加，传统电话预订服务方式已无法满足人们对电话预订的需求。体育场馆的建设要以用户为中心，以提高体育场馆的管理水平与利用率为目的，这两个方面正在逐步成为体育场馆管理中亟待解决的重大课题。因此，在新时代下，如何利用互联网技术对场馆进行高效的数字化管理已迫在眉睫。5G 网络连接体育场馆运营管理和各类信息化应用程序，场馆管理人员可以利用运营管理系统对体育场馆进行信息化管理，以达到降低成本、提高效率的目的。通过对当前 5G 智慧场馆信息化管理案例进行梳理，可以发现主要包括三大体系：一是经营管理系统。此系统主要负责会员管理、场地预订、门票售卖等工作。除此之外，此系统还可以协助场馆管理者和工作人员做好日常事务性工作。二是场馆信息发布平台。此平台以场馆内部的活动信息发布为主，此外还会发布场馆的基本情况、场馆常驻俱乐部的相关资料等。三是培训系统。此系统由教练员管理系统与教练员培训平台两部分组成。

黄金一号中心是美国职业篮球联赛（NBA）萨克拉门托国王队的主场馆，体育设施技术水平在国际上处于领先地位，场馆利用无线局域网能够为1.7万名观众提供良好的上网体验。有了5G网络作保证，球迷们可以在手机App上当场购买并更新球票、缴纳停车费，也可以在线上查询并订购餐饮、商品，甚至可以在线上订购商品送至座位的服务。除此之外，球迷们还可以提前规划到达场馆内任何一个位置的最优线路，以及多机位、多角度收看赛事回放画面、及时了解天气状况等。该系统还能实现远程监控与视频传输，方便教练员或裁判员指挥比赛。与此同时，场馆座椅上还装有恒温器，粉丝们可以在App的帮助下调整出风口。

2. 数据化运营，保障场馆项目制定

数据化管理是以信息化管理为依托的一种管理方式，能给客户带来更准确且个性化的服务。场馆数据是指场馆运营过程中产生的各种数据资料，涵盖了场馆内所有人员及设施信息，并通过对数据资料的整理与统计反映场馆运行状态。当前，场馆数据以业务数据与客户数据为主，其中业务数据可以用于分析和研究场馆业务和其他业务，如客流量和高峰时间、收入及其他数据等，还可以帮助体育场馆进行策划、定价及促销。客户数据也可为场馆经营管理人员提供决策依据，如对场馆内不同人群消费状况的预测，从而制定出合理有效的营销策略。对客户数据进行分析，深入掌握客户的个人信息及概况，如客户的购买力、参加运动项目的积极性等，依此进行更具针对性的推广活动，如定向推广会员卡、网站或者产品介绍等；同时也可为其他用户提供方便、快捷的查询服务。场馆也可基于顾客的总体信息，策划更加热门的节目和活动。因此，如何将海量的业务数据分析系统与现有的通信基础设施相融合是非常重要且必要的工作。在举办各种重大体育比赛的时候，体育场馆其实已经成为临时性"城市"，随时都会出现各种意想不到的突发状况，借助5G技术具有大宽带低延时的优势，可提高馆内信息采集和处理效率，并且能够确保数据安全、可靠。

数据化管理的第一步是采集消费者数据，主要包括普通社交媒体、消费偏好、社交关系等；第二步就是将这些数据转化为有价值的商业决策。鉴于此，德国公司SAP（System Applications and Products）开发出一套粉丝程序并获得成功，主要为SAP竞技场（SAP冠名的5G场馆）建立了专门的销售体系，为众多粉丝提供所有场馆的相关服务，以及掌握相关消费信息等。在此基础上，利用数据挖掘分析，制定出一套完整有效的场馆运营管理策略。在该场馆内，为了切实把握粉丝们的动作规律，共设置监测点 680 余个。与此同时，高速率 5G 网络可以迅速地传递信息，实时保存粉丝数据信息，借此吸引赞助商。此外针对数据信息，还设计了不同管理方案，包括特许经营、票务运营和营销活动等，依次形成专业、科学、精准的场馆运营策略。大众体育也在不断发展变化，从过去单一追求运动成绩逐渐转向注重对身体的保护和促进身体健康，从而使大众体育得到进一步的完善与升级。从今后大众体育场馆的角度来分析，重视健康是一种必然的趋势，场馆管理者应融合人工智能、5G 网络和大数据，把握用户的健康状况，对使用者进行健身指导，从而建立消费者与场馆之间的密切关系。

3. 交互性服务，提升场馆用户体验

注重人性化服务，注重观众互动体验，已经成为智慧体育场馆建设的宗旨。在 5G 时代下，多感官沉浸式产品逐渐成为智慧体育场馆新的发展动力，受众可通过 VR 头显设备观看体育赛事直播并自选视角，使受众在观看体育赛事时有身临其境之感，享受不一样的互动娱乐。除视觉效果外，球迷们既可以在场馆微信公众平台上实时交流比赛情况和运动员的情况，也可以在网上和其他粉丝进行沟通，采用赛事有奖竞猜的形式，达到人际的交流。在体育场馆观看比赛时，观众可以在场馆 App 上对球队与运动员数据进行对比，并对赛事结果预测，做到观众和比赛之间的互动。

诺坎普球场是一个很典型的智能化体育场馆，同时还是西甲豪门球队巴塞罗那主场所在地，是欧洲首个建立 5G 专用网络足球场。场内设置有大量 360° 无线摄像头，粉丝们可以通过 VR 技术体验沉浸式效果观赛。在国内，重庆奥林匹克体育中心在 2018 年至 2019 年 WESG（World Electronic Sports Games）全球电竞总决赛期间，结合 VR 全景和 5G 技术进行赛事直播，使全球电竞迷都能实时地参与远程互动。体育场馆中十多台摄像机追踪拍摄地点，让受众能按自己的需求选取对应角度，以增强观赛体验，除了 5G 技术中 VR 所带来视觉沉浸效果外，在俄罗斯举办的 2018 年足球世界杯中，还开发出了粉丝社区，包括背景分段、玩家预测、暂时性自拍过滤器等海量粉丝互动模式。通过这种方式，让观众参与到游戏中来。黄金一号中心还在 AR 技术的帮助下，设计出一款观众交互小游戏，观众可以在半场休息阶段和朋友们进行微型比赛，从而增强受众体验满意度。在赛事结束后，场馆会将所有参与者都纳入系统当中，并向公众开放。在活动中，5G网络可保证百万受众同步互动体验。这些互动体验，使受众在观赏体育活动时产生参与感，享受体育场馆所带来的增值服务，从而提升其幸福感。

二、智能体育赛事

（一）智能体育赛事的特征

作为新兴事物，大赛自然有着与传统体育赛事所不同的独有特点。人们把体育视为通过身体练习来增进身心健康的文化活动。在现代社会中，体育已成为人们生活方式和价值观念不可或缺的组成部分，同时也逐渐形成了与其他不同类型文化之间相互影响的复杂关系。因此，对体育大赛进行系统深入的解析，有助于全面把握体育赛事的本质特征，从而更好地理解和利用这一特殊形式。对此，接下来采用文化的四层次理论对物质、行为和制度等层面进行分析。

1.运动器材数据化、网络化、智能化

全国智能体育大赛利用多种智能技术，赋能传统运动器材，使它的内部结构和外在用途发生了变化。首先，竞赛所选设备借助传感器辅助、生物芯片和其他技术，通过测量感知，把运动员的动作过程转化为数据。其次，通过互联网、物联网及其他技术，做到人与人、人与物、物与物全面互联、互通，同时结合人工智能算法，构建出"人机协同"式系统架构。最后，将运动项目的规则作为准则，通过数字化分析运动员的运动状态，指导运动器材迅速、灵活、正确地作出特征判定与自主行为决策，并在运动员体征异常表现和器材故障时发出预警。数据化、网络化、智能化运动器材，不仅提升比赛趣味感和体验感，也使得比赛的组织和运营管理工作更简单、更安全、更有效率。运动器材数据化、网络化、智能化的情况，如（图2-4-2）所示。

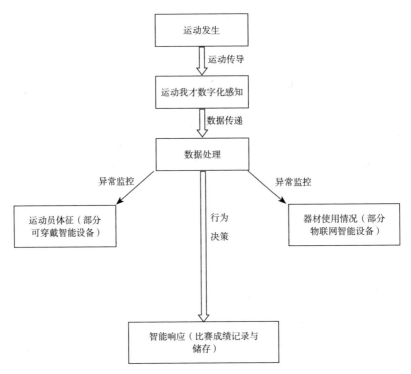

图 2-4-2 运动器材数据化、网络化、智能化示意图

2. 大赛的开展突破了时空局限

传统体育大赛在确定时间和项目时，需兼顾季节、气候、场地和其他因素，因为对运动场地和周围环境有着特殊要求的比赛，只可选择在一定时间和空间进行。随着人们生活水平的提高，越来越多的人希望通过参加体育运动来锻炼身体，由于气候、环境等原因有时无法正常进行体育训练，这就给体育赛事的举办增加了难度，例如，冬奥会各项目都需借助于冰雪场地，所以只可以选择在冬天举行。应根据每个项目的特点合理安排不同比赛时间，还要考虑到恶劣天气导致比赛延期等。随着科技发展，各种新型智能化产品逐渐出现并得到广泛应用，极大地推动着体育运动向现代化方向发展。在多种智能技术的推动下，全国智能体育大赛应运而生，突破时间和空间的藩篱，使运动项目在进行过程中不再受到季节、天气、场地及其他因素的影响，使体育参赛更加方便和充满惊喜。智能滑雪项目就是最好的例子。在智能滑雪场、智能滑雪板与智能测量仪及其他装置的帮助下，让运动员在冬天严寒的天气里，不出家门就能体验到冰雪运动带来的神奇感受。

由于是在室内进行的比赛，因此不必考虑天气和自然光的因素，只需在赛程中指定一个比赛周期，达到对应开赛人数，便可以随时参加项目竞赛。

3. 实行线上线下并举的比赛选拔制度

除了传统大赛需要安排运动员到比赛专用场地参加线下选拔模式外，比赛也利用了互联网、物联网等技术构建了网上评选平台。其中"全国智能体育大赛"作为一个基于大数据的全媒体体育竞技类国家级专业竞赛和培训交流的平台，参赛选手可在全国智能体育大赛官网上报名，也可扫描二维码报名，并根据具体情况自由选择比赛方式。同时，智能设备可以对参赛人员成绩及个人信息进行记录，并上传至后台服务器供专家和评委查看分析。参加线上评选的运动员，可以按照项目规则使用专用设备，和线下玩家在同一时间进行游戏比赛。智能设备会记录每位参赛者成绩，并按照个人能力水平及团队表现确定参赛资格。智能设备会在自动评分结束之后，根据成绩的排名，确定晋级的运动员，同时，在线上对参赛选手成绩数据及相关信息进行分析统计。线上和线下同时选拔的制度，不仅节约了人力、场地和其他赛事资源，还缩短了比赛周期，此外用电子化监督方式，能够有效避免因人为操作造成的不公。

4. 大赛创办理念上，集竞技性、娱乐性、社交性于一体

把更快、更强作为自己的信仰，发挥各种能力，谋求赛场制胜，是我国传统体育大赛选手在比赛中追求的主要目的。而全国智能体育大赛，更多的是融竞技、娱乐、社交于一体，体育赛事具有多元特性。竞赛形式更加多元化，不仅包括了各种单项体育赛事活动，还包含着多项体育运动内容。如传统足球比赛在指定场地进行，通过战术指挥和队友之间的配合，利用攻、防、身体对抗的方式，以射向对方场地球门的次数作为评分标准，是一项具有同场对抗特点的项目，很有竞争性。随着现代电子技术的发展和计算机模拟仿真技术的进步，人们能够很容易地实现对比赛结果的预测。在全国智能体育大赛上，足球项目变得更单纯和新奇。该项目的规定是，运动员必须到一个特定的智能足球场，对装有传感器智能九宫格球门射门。竞赛分两轮进行，第一轮为力量测评，智能系统依据球员在射门时，球碰到九宫格的一瞬间所造成的压力来计算分数；第二轮进行速度和准确性测评，参赛者按照九宫格中不同色彩的转换，于指定时间进行瞬间射门，按照射门的准确度和在指定时间内所做的数量来计算分数。

（二）智能体育赛事的价值

1. 推动全民健身向全民参赛发展

目前，在全民健身热持续升温的情况下，体育运动已经逐渐变成人们与社会接轨的生活方式。体育赛事作为人们在特定时间和地点进行体育锻炼活动的重要形式之一，对提升公众体质具有积极作用。不同年龄组的群体，其在社会环境、经济基础、体育认知等方面都存在差异，使体育运动需求和运动参与方式呈多元化特点。在我国各级、各类赛事中，体育赛事作为重要载体，已经成为人们日常休闲娱乐的主要内容之一。大赛的愿景是"每个人都是运动员"，因此针对不同的社会群体，提供适合其特点的运动项目，供其选择和参加。在此基础上，赛事的举办也促进了我国体育事业的快速发展。

2. 开辟竞技体育后备人才选拔培养新渠道

竞技体育后备人才是指具有一定的体育天赋，经系统培训，能为竞技体育发展作出贡献的青少年运动员。在我国体育事业快速发展的背景下，培养出大批优秀的后备人才，对于提高国家综合实力和国际影响力有着十分重要的作用。竞技体育后备人才的培养是竞技体育得以开展的根本，更是打造体育强国战略的储备力量。

大赛 14 个大项目中，共有 7 个比赛项目特设幼儿和青少年组别竞赛，还有一些不按年龄分组，总的来看，青少年运动员较多。这些青少年参赛队伍是由来自全国各地具有一定基础和特长的优秀少年组成。通过竞赛使体校、俱乐部和运动队的专业运动员的竞技能力得到提升，还有一些未曾接触专业体育训练，也无缘参加大型体育比赛的选手，在竞赛的过程中，其体育兴趣得到了发展，由此为中国竞技体育后备人才的选拔和培养打开了一条崭新的通道。

3. 跨界融合，衍生体育产业价值链

我国体育产业资源普遍存在着分散、分割的严重现象，另外市场化程度不高、流动性不强、高端资源匮乏等问题也不容忽视。体育资源的整合是解决这些难题的重要措施之一。破除不同的主体产业和各部门之间存在的资源壁垒，探索一条崭新的资源整合和开发利用途径，必将给中国体育产业的发展带来崭新的机遇。

赛事发展以体育产业为主线，融科技、旅游、传媒和其他各种业态于一体，以"体育+"为形式，推动产业资源整合和内部优化，促进体育价值实现多元化。

同时，赛事也成为展示城市形象，宣传地域特色的重要载体之一，受到社会各界广泛关注，如以京杭大运河智能单车挑战赛作为赛事城市战首秀，引来大批专业车手及自行车爱好者。赛事借助互联网平台进行线上宣传推广，并结合当地特色文化打造了一系列文创产品。项目秉承"体育＋科技＋旅游＋文化"的理念，定制京杭大运河主题 3D 赛道，全程 7.5 千米，让选手们在大赛上再一次以身临其境的感受，欣赏运河两岸瑰美秀丽的风光，领略它特有的风土人情和文化魅力。赛事还结合互联网技术，打造全新的移动互联平台，让参赛选手足不出户就可以享受到运动带来的乐趣。比赛的进行，使小体育概念向大体育概念转变，促使体育产业以跨业融合的方式进行产业链的延伸，发挥产业乘数效应，为构建可持续发展体育生态系统提供坚实的基础架构。

4. 促进机器人与人类文化相交融

自从 1997 年第一届国际奥林匹克机器人大赛顺利召开以来，机器人运动的热潮在全世界范围内兴起，在体育和科技界，机器人成了一种新宠。随着我国科技水平不断提高，各类高科技在体育竞技领域中得到广泛应用。在全国智能体育大赛中，机器人同样取得了辉煌成绩。目前，我国已有多家企业参与并开发出一系列具有自主知识产权的"超级"机器人。作为崭新的体育"运动主体"，它们用钢铁架构取代骨骼肌肉，通过趣味性十足的外形与充满生机的运动展开游戏，成为第一届大赛场上最为耀眼的一颗巨星。机器人不仅可以模拟人的肢体语言，还能完成一些高难度的动作。机器人比赛的提出，冲击了传统的体育认知，让人以更加直观的方式理解机器人这一崭新体育"运动主体"起源的历史、物理架构与运动操控方式等。本次比赛不仅是机器人技术应用于体育运动中的一次尝试，更是人类智慧的结晶。运动员在自身参赛之余通过观赏一场极富科技感与时尚感的机器交锋，提升了赛事体验。随着人工智能技术的发展，机器人也逐步从单一功能走向多元化智能服务。由人类形态结构和思考方式所设计和诞生的机器人，把人类运动员运动表现和个体特征，通过数字化转化为自己机器学习素材，借助算法处理，提高对体育和人类文化的理解。

5. 展示国家体育新形象

全国智能体育大赛是世界上第一个以智能为主题的国家级体育赛事，宗旨是弘扬体育精神，引领体育时尚，促进全民健身，是世界上最具影响力的体育文化活动之一。比赛的举办，是以国家和世界顶级科技为媒介，用创造性智慧创设运动项目，通过新场景的构建，新形态的提出，新潮流的宣传，成功地创造出现象级体育赛事。独特的竞赛模式和创新理念引领着我国体育走向"全民健身"时代。比赛的新主题、新理念、新风尚昭示着中国已从以往的重视竞技忽视育人、重视奖牌忽视健康、重视形式忽视内涵的体育观念，逐渐向竞技和育人结合、奖牌和健康和谐统一、形式和内涵统一的方向发展，全面展现中国体育的新形象，用中国的力量，推动体育历史年轮的发展。

（三）大型赛事 IP 尽显智慧

1. 北京冬奥会

科技部同北京冬奥组委、北京市科委、河北省科技厅及体育总局，制订了国家重点研发计划——"科技冬奥"关键项目实施方案，聚焦冬奥会科学办赛的关键技术、冬季项目运动训练和比赛中的关键技术、公共安全保障的关键技术、全球影响传播与智慧观赛的关键技术、绿色智慧综合示范区建设五项重点工作进行科研攻关，为北京冬奥会、冬残奥会提供科技支持。

以人工智能、云计算为基础的冬奥智慧气象服务技术，建立了冬奥智慧气象服务技术与系统，为赛事提供专项保障气象预报服务，实现了移动端快速交互生成与智能三维显示，为冬奥赛事的运作、公众服务和其他服务提供分钟级别、百米级别的精准气象预报服务，符合奥组委信息系统、奥运成绩系统、奥林匹克广播服务公司、数字化平台的全球公众和用户的要求。

根据北京冬奥会的特点，对影响北京冬奥会正常召开的公共安全风险进行了多灾种、多尺度的时空分析，包含风险影响因素类型、数量与风险的耦合关系等；对以"互联网+"等为载体的风险数据获取途径、内容及动态更新的方法进行了研究；研究了以大数据为基础，事件链分析与情景推演相结合，构建北京冬奥会社会公共安全综合评价技术模型；研究开发了北京冬奥会公共安全综合评价数据采集、处理与评价技术系统。

针对冬奥会户外高山赛道、山区盲点复杂的场景，以及各种电磁干扰对无线信号传输这一特殊性质进行了研究，研制了全频段电磁干扰监测分析的可靠设备，并进行了室内外各种典型场景下的移动通信测试与验证方案的设计与施工，做到了无缝覆盖。对于室外场景，特别是对极端天气情况下的考量，开发多频段、多形态、能够抵御高寒和强风等恶劣环境的稳定基站和通信设备。鉴于室内场馆的庞大数量、高密度连接等因素，又对新型网络架构的优化理论进行了研究，研制了新的室内高容量基站。

北京冬奥会，无论是信息技术的更新升级，还是管理保障体系的完善，都尽显奥运会大型赛事 IP 的大智慧。关键技术的应用，提高了运动员和观众的赛事体验，扩大了赛事的影响力和感染力。

2. 俄罗斯世界杯

2018 年，俄罗斯世界杯的裁判长是"电子眼"，足球有一颗"智慧芯"……从赛场上裁判辅助、数据采集，到赛场外观看体验，这一全球性的体坛盛宴，亦在各项高新科技发展的影响下得到了升级。

在世界杯赛事中，应用了 VAR（Video Assistant Referee，视频助力裁判）技术。裁判是赛场最关键的一环，他工作的好坏决定着球队能否顺利出线。在紧张的足球大赛上，除队员、教练员外，对比赛方向有直接影响的就是裁判。在足球世界里，裁判是决定胜负的关键因素之一，裁判员又以判罚精准著称，所以裁判的素质显得尤为重要。再有经验的主裁，也不可避免地会作出不确切的裁决，从而导致"冤假错案"的发生。2018 年世界杯，国际足联引进了视频助理裁判，为裁判准备了一双"电子眼"，其中包括对裁判员执法过程进行录像回放的功能。视频回放涵盖了四种情况，分别是进球、点球、红牌和裁判认错队员。

本届世界杯现场周围共有 33 部广播级高清摄像机以及 2 部特殊越位摄像机，其中 8 部可通过超慢镜头记录每一场赛事详情。国际足联还专门安排了 13 名专项 VAR 裁判执法，莫斯科国际广播中心的录像操作室也成立了专门的视频辅助裁判队伍。当裁判进入演播厅时，就能够看到每一场比赛的跟踪拍摄，并记录下每一个精彩时刻。如发生纠纷时，在 VAR 的帮助下，可实现多角度、更加清楚地还原比赛的细节，甚至还可以利用动态扫描技术来确定球员是否假摔。另外，当球员犯规时，裁判也可以直接将该球记入球票中。VAR 在赛场上以语音方式和裁判员取得联系，通知其漏判或误判，还可以使裁判观看赛场一侧屏幕的视频内容。

除裁判佩戴一双"电子眼"外，本届世界杯用球也有一个"智慧芯"。这就是世界杯官方指定用球——世界杯专用智能足球。在世界杯上，官方指定的用球

"Telstar18"（电视之星）内置 NFC 芯片，能记录足球行进轨迹、球员射门的强弱和足球有无出界等相关信息，堪称裁判和技术统计人员的好帮手。这款智能足球也是经典黑白设计，成为了世界杯比赛专用球。

由于足球有了一颗"智慧芯"，因此，人们能通过特殊 App 将每个用球联系起来，查看每个用球专属资料，也可以观察该球运动轨迹和队员射门技巧，无论对场上队员，还是对场外球迷，这颗拥有"智慧芯""记忆"的足球在今后会有很有特色的回顾与分享经历。"智慧芯"不仅记录着每粒进球，并且还能将这些数据分类，从而得到不同的分享体验。对球场上的裁判来说，有了"智慧芯"，还有助于其作出正义的判决：日本与哥伦比亚经典一战，在第 39 分钟哥伦比亚任意球破门时，尽管日本队守门员示意球没进，但是完全不影响裁判判断。这是因为在他眼中，"智慧芯"能够根据现场情况对比赛进行分析、预测。在"电子眼"的注视之外，"智慧芯"还告诉裁判，足球每个轨迹的精确改变。

"数字化的表现与跟踪系统"在比赛中得到了运用，它是一个运行于平板电脑上的系统，能够为 32 支球队的教练提供实时的球员数据和视频。每个球队得到 3 台平板电脑：一台给看台分析师，一台给板凳上的分析师，另一台给医疗团队。该系统利用相机、队员身上智能设备以及 GPS 定位，记录队员场上位置、行动轨迹、传球、压制、速度、铲球情况、个人状态等，在 30s 之内，数据就会传输给主控台，同时也传输到教练及医疗团队的平板电脑上。这样就能让教练了解球员在场上所表现出来的能力与潜力，并对其作出正确决策。同时，还方便了医疗团队第一时间对受伤队员的救援。

三、智能体育用品

（一）走向智能化的体育运动器材产品

1. 智能运动鞋

智能化体育器材产品发展迅猛，更新换代之快，甚至有点儿出乎人的意料，其中智能手环、智能手表和其他智能穿戴设备受到普遍欢迎。这类设备不仅可以监测人们的运动状态，还能根据使用者自身需要对其进行调整，以满足不同人群的需求。基于此情况，运动鞋作为体育运动中必备装备，正成为业界瞩目的热点。

目前，已经有人针对传统运动鞋功能单一的缺点进行改进，采用新型的嵌入式系统——云平台来开发一款集跑步训练、运动检测以及健康管理为一体的多功能运动鞋。以云平台为基础的多功能智能运动鞋，利用 WiFi 控制模块与智能传感器相连，并向云平台发送数据，实现了对数据的查询与解析。通过对用户的健康检测，并根据不同人群制定个性化运动方案。另外，温度传感器对温度进行实时监控与调整，称重传感器测量体重后将数据传输至云平台，查询分析记录的数据，并对 PC 端与手机端进行了监控设计。

（1）系统功能设计

基于云平台多功能智能跑鞋，包括鞋体（与无线网络相连）、云端 PC 服务器与用户终端。鞋体除了包括鞋子以外，还包括鞋子本体底部设置的控制模块、体重测量模块与电源模块连接，控制模块与体重测量模块、温度传感器、红外传感器相连接。另外，云端 PC 服务器以及用户终端通过无线网络进行连接。称重传感器，用于检测用户的重量，结合用户身高计算用户体重指数，若超过正常指标，红色标识字符"体重超标，请多运动"会出现在 PC 服务器中，并产生科学运动指南；当用户双脚伸入多功能运动鞋内，就会引发红外线传感器，进而 PC 端显示已检测到；当用户久坐的时候，手机服务端就会出现"好无聊啊，你需要动起来"。温度传感器，是用于对脚部温度的实时监控，同时还能通过蓝牙将数据发送到电脑客户端，实现对用户运动状态的分析和跟踪。通过 GPS，用户可在手机 App 中查看自己的跑步轨迹，计算出步数发送到 PC 端，记录到数据库中，并且此系统还有防止数据丢失的作用。通过在鞋子内部安装传感器和蓝牙模块来检测运动状态和体温，当出现问题时能够自动报警。这种智能鞋的设计，控温准确，具有数据分析和周期性提醒功能等。

基于云平台设计多功能智能运动鞋，主要有以下几个作用：

①温度传感器测试足部环境温度，当温度失控时，会发出警报，避免用户因温度不适影响产品的体验感。市面上的传感器虽然种类繁多，但大多数都是以热电阻作为测温元件，热电阻对温度敏感度只能在一定范围内，无法实现高精度测量。接触式温度传感器的工作原理是在运动鞋与脚部之间直接放置温度传感器，进行直接接触，以更精确地进行温度测量。若监测的气温超过 28℃，则会启动半导体制冷、制热片，并开始冷却。若低于 28℃，半导体制冷、制热片就会启动加

热，直至达到合适的温度时再停止。

②称重传感器对用户进行称重，对数据进行分析，计算用户体重比。如体重比未达到正常值时，会在上位机展示红色警告标示，并在云平台记录用户每一次测量数据。

③红外传感器感应用户对运动鞋的使用频次，利用数据分析周期性提醒用户锻炼。

④半导体制冷、制热片，对温度传感器采集到的数据进行分析，能够有效地将多功能运动鞋内的温度控制在正常范围值内（28℃~30℃）。

⑤ WIFI 技术实现远程控制，用户只需在手机 App 中利用一键查找功能，运动鞋便可适时发声报警，通过声音报警，使用户了解运动鞋在家的摆放情况。

（2）系统底层设计

该系统的底层设计由称重传感器、放大和模数转换电路、红外对射传感器、温度检测电路、Arduino 主控制器的电路设计、半导体加热和制冷装置、Esp8266WIFI 模块以及电源电路构成。Arduino 主程序设计软件通过 ESP8266WIFI 模块先与用户路由器相连，连接成功之后，通过服务器与云平台相连接。在服务器中设置数据库和应用程序，将应用程序下载至处理器上运行。在处理器和云平台之间的数据连续传输之后，开始对运动鞋用户体重进行连续测试。如果重量大于设定阈值，微处理器便会发出信号，通过云平台将报警提醒转发给用户使用终端，提醒使用者体重超标。本系统还可以对鞋子内的湿度、热量以及鞋垫上的水分含量等进行实时监测，当超出一定数值时会及时报警提示使用者。该系统连续探测运动鞋红外对射传感器探测参数，以对使用者使用频率进行评判。当使用时间达到规定次数时，芯片就会产生一个脉冲波将热量传递给半导体制冷片以降温。对运动鞋的内部数据进行持续的检测，若温度不高于阈值，将数据发送至云平台进行记录，如果高于阈值，则打开半导体制冷片对其调控，并且将数据发送至云平台记录，同时发出警报。

该系统使用 ESP8266WIFI 模块，利用模块的 RX、TX、VCC、GROUND 引脚，在 ARDUNIO 中分别连接相应引脚，同时写好代码，并向 ONENET（中国移动物联网开放平台）云平台发送数据。通过客户端和服务器之间的数据传输来完成整个过程。采用 HTTP 网络传输协议进行数据的上传，数据需按 POST 报文格式写入。通过设置客户端和服务器之间的数据传输通道，完成数据通信，并根据不同需求添加相应功能，从而使整个系统能够稳定可靠地工作。当然，ESP8266WIFI 模块在还没有投入使用时，也必须是初始化配置，系统所选 ESP8266WIFI 模块已集成的网络协议，只需要用手机接通这个模块，在浏览器上输入 192.168.4.1，就能实现可视化配置，把模块附在网络上，建立与服务器的连接，则可实现远距离传输数据。

（3）云平台设计

ONENET（中国移动物联网开放平台）云平台技术是中国移动对"大众创新、万众创业"概念的回应，设计了一个针对公众的开放平台，它为多种与物联网有关的衍生行业解决连接、存储、消息发布、数据分析与比较等一系列的问题，给众多用户带来软件和硬件相互衔接，减少物联网项目的学习和自主开发研究所需的费用。ONENET 云平台主要服务于智能家居、智能农业、智慧城市、智慧医疗等物联网衍生的产业。

在设备连接到 ONENET 云平台之前，所有的底层硬件都需协调，以保证底层设备的数据可以汇总在一起，并传递给云平台，以提高系统资源使用效率。为了实现这一目标，必须建立一个统一的数据采集体系，即通过网络将各个设备接入到云平台中，然后再由云平台把这些设备的数据汇集在一起，形成完整的大数据分析报告。云平台是底层设备的首脑，操作它得到的数据解决了底层设备运算能力不强的问题，同时也为上层提供了统一接口和服务，保证整个应用系统能稳定地工作。数据在各装置之间流通特别重要，它决定着系统是否可以正常工作。为了让设备能高效地工作，必须有良好的数据传输接口，才能实现设备之间数据交换。硬件访问云平台，必须先连接路由器，经由路由器连接云平台，Arduino 开发了接入程序，实现了云平台的连接以及发送消息和接收命令。走进开发者中心，首先，在开发者中心内部创建一个产品，将一些设备加入到产品内，创建设备获得设备 ID，设备 ID 是写 POST 报文的时候要输入的。其次，数据上传后，设备的数据流会记录在云平台中，一些应用依靠这些数据流来创建，这样就能够对鞋内温度和鞋承重情况进行实时检测。

（4）系统上位机设计

系统上位机的 PC 端包含了盒子内实时温度的检测、历史信息查询、实时信息查询、数据异常检测及系统维护等主要作用。在系统上位机手机端，使用了当前较为热门的 App inventor 的线上图形化编译软件开发，平台图形化编程能够更加直观地对软件内部逻辑进行分析，所设计的软件更具逻辑性，手机端有系统登录、跑步模式、数据监测与历史记录等模块，能让使用者具有更加直观和便捷的体验。

2.满足个性训练的智能化产品

体育产业融合的步伐，代表了国家发展体育事业的决心，也代表了亿万国人对体育的热情，更代表了他们对健康生活的渴望。随着我国经济水平和科学技术的不断提升，"互联网＋"的深入融合发展，使体育运动器材表现出了符合个性训练的高要求优点，许多产品都可以从硬件上实现更高的数据收集精准度，且分类更精细。

例如，艾迪宝体育用品（深圳）有限公司推出的智能羽毛球拍 iBat5，这是一种可以帮助人更快提升打球技术的智能装备，还可充当运动者的私人教练。它拥有先进的电子感应系统和高性能的传感芯片，能够检测、记录运动员的每一次发球动作，并且将数据传送至手机或电脑中，再进行分析。iBat5 采用高速运动抓捕技术来检测球速，使用户清晰地知道自己的最大击球速度，然后分析有无提升的余地，另外，还可以辅助矫正用户的运动姿势，有助于提高用户的击球速度，从而在对战中使对手猝不及防。

在"互联网＋"大行其道的今天，不少体育用品行业大佬迫于利润下降的形势，开始将科技含量注入产品中。智能产品已经成为体育用品领域中最热门的话题之一。智能体育器材是指利用人工智能技术实现对运动器械和人体的远程控制和管理，以提高用户训练效率的新型科技产品。我们今天看到的智能篮球、智能足球等，属于第一代产品。将来，我们很可能会看到更多具有特色的智能产品，如智能乒乓球、智能网球等。随着科技水平的提高和人们生活水平的提升，"互联网＋运动器材"将会成为一个新时代下的潮流，传统体育装备供应商也将转型为"互联网＋体育运动器材"供应商。

（二）体育用品智能化成为发展的趋势

知名的医学杂志《柳叶刀》于 2016 年 4 月公布了一份全球成年人体重调查报告，科学家历时四十年对 1920 万受调查成年人的身体质量指数进行趋势调研后发现，现在全世界胖人与瘦人在数量上相比，已经相差超出很多。

肥胖不仅给人们的生活带来不便，使生活质量下降，还会造成健康隐患，诱发一些疾病，如糖尿病、高血压、心脏病等，进而加重个人医疗负担，同时加重政府财政负担与社会保障负担等。我国人民和政府明显地认识到了问题的严重程度，人们也逐渐意识到，全民健身就算再忙再累也不能止于口头上，可以说体育锻炼是人生命中不可缺少的活动。

体育锻炼的崛起也使体育产业发展平稳起步。早在 2014 年，《国务院关于加快发展体育产业促进体育消费的若干意见》便把全民健身提升到了国家战略的高度，《中华人民共和国国民经济和社会发展第十三个五年规划纲要》第十四篇《提升全民教育和健康水平》的第六十章为《推进健康中国建设》，其中第七节是《广泛开展全民健身运动》，展示了全民健身的意义。

近年来，伴随着"推进全民健身计划"倡议的实施，我国体育用品份额迅速上升，其中体育运动器材等运动用品类占据首位。对体育运动器材行业持乐观态度的商家也越来越多，尤其是随着国家政策的大力支持以及全民健身热潮的兴起，体育用品市场呈现出一片繁荣景象。

智能技术的出现，为体育用品向智能化方向发展奠定了基础。从市场来看，虽然体育用品智能化的发展趋势是非常明确的，但是在具体实现方面还存在一定的难度。例如，VR 技术、传感器、智能设备、大数据以及人工智能等技术，为实现体育用品智能化提供了支持。当今传感器技术已能够对运动员心率和血压、运动频率与强度、地理位置、速度与行进方向的关系等进行持续监测。同时，还能通过对运动员训练情况的分析，了解运动员身体机能变化以及在训练中存在的问题，进而指导教练员进行有针对性的改进和完善。

在我国老百姓健康意识不断增强的今天，健身需求与体育消费需求得到充分释放，体育用品业即将迎来又一个"黄金十年"。在这个高速发展期，人们对运动休闲娱乐的追求也越来越高。现在的年轻人，尤其是以"90后"和"00后"为代表的新型消费群体，对运动体育的社交化、智能化、数据化的需求越来越高，传统健身器材制造行业明显需要革新产品，以适应客户的要求与偏好。因此，在这一背景下，智能科技与体育产业相结合，形成了新的发展趋势，并逐渐被人们所熟知。纵观当今社会的发展，我们也能发现，体育用品智能化正逐渐成为体育用品行业今后的主要发展趋势。

（三）人工智能化体育用品发展策略

1. 改善产品现状

要想促进人工智能化体育用品的发展，需调节市场环境，制定标准行业准则，提高 AI 产品质量现状是前提。因此，改善产品现状要从以下几个方面着手：

第一，以国家有关体育产业政策为导向，参照国际同行业标准，制定出符合国情、适合国人身体机能发展的 AI 智能体育用品标准，对 AI 智能化体育用品的定义、功能和智能化程度进行明确分级，这将有助于各种产品清晰地进行市场定位，方便市场监管，也便于消费者选择。

第二，根据我国群众体育现状，研发具有本国特色的项目配套软件，建设网络社区以及审查机制。我国的群众体育正在进行的除了健身、跑步等常规项目之外，还有广场舞、陀螺、摔鞭等很有本国特色的项目，并且这些项目都有很深厚的群众基础。与此同时，发展运动社区，强化社区内容监管，保证运营传播内容得当、阳光、健康；按不同的年龄阶段、身体健康状况的运动水平建立内容分级制度，较好地适应广大人民群众需要。

第三，成立相应的行业协会，加强本行业各类企业信息交流和技术共享，形成互相学习、互相促进的产业氛围，并且积极吸收以行业为中心的上下游企业，形成较为成熟的、具有我国特色的智能化体育用品产业链。

2. 改善受众基础

体育用品的发展需要经历推出、成长、成熟、衰退 4 个生命周期。当前，智能化的体育产品是时尚型体育用品，行情为非线性爆发性成长阶段，再一次提升之后的人工智能类智能化体育用品，也将步入这一阶段。时尚类体育用品在爆发期后，经常出现断崖式销售下滑，如"暴走鞋""弹跳器"之类的产品。智能体育器材的发展与人工智能技术息息相关，人工智能技术能够有效提升体育产品的科技含量和附加值。从智能化体育产品到人工智能的转型提升阶段，要通过营销模式的创新、完善受众基础、增强产品核心竞争力等途径，使成熟期得以延续。O2O（Online To Offline，线上到线下）模式是线上到线下的一种模式，互联网作为一个平台，是线上为线下交易的前台。人们通过虚拟在线完成销售、购买、支付等，再由线下实体店向用户提供其需要的各类产品或者服务，充分展示互联网与线下的多种融合。这种新型营销模式能够使用户更加方便地使用产品并享受体验，从而达到更好的效果，满足更多客户需求。制约 AI 智能化体育用品产业的主要原因在于受众基础较差，在现有线上销售模式中，大众消费者难以获得新产品的实物，大众消费者本就不太了解新科技产品，再加上产品价格又高，这种现象必然限制着用户的消费冲动。与此同时，结合 AI 技术和 O2O 模式，是营销模式发展的新动向，可在发挥 O2O 模式将线上线下资源优势融合的前提下，采用 AI 技术实现大数据的机器学习，对用户的倾向分析工作做到细致化和精确化，并依据分析结果，对产品进行实时跟踪改进和更新换代。

除此之外，还应该根据市场需求及产品生命周期对营销策略进行恰当调整，通过网络将搜索引擎应用、电子邮件宣传、信息发布推广、病毒性营销手段等措施进行综合调控，形成品牌化，增强顾客黏性。

3. 提升核心品质

体育用品打开市场的战略通常有以下两种类型：第一，开发产品新功能，也就是要在原来的功能上，寻找和体育的新契合点，或者利用已有的优势进行创新，如对现有运动项目进行改造或改进，使之适合不同年龄段人群的需要，提高其商业价值。第二，进入全新细分市场，如老年体育和残疾人体育等领域。智能体育用品作为一种新兴的体育运动方式和生活方式，正日益受到广大消费者的青睐。在智能化体育用品的研究与开发中，进一步融合人工智能技术的研究是今后的必然选择。

随着智能科技在体育运动领域应用越来越广泛，运动员需要根据自身实际情况来调整自己的身体状态，以便更好、更快地发挥自身的水平，因此，对运动员健康的实时监控已经成为体育竞赛项目必不可少的一部分。借助人工智能技术机器学习能力，学习人工智能化的体育用品监测数据的机器，演算出最优结果（计算机分析庞大的用户数据之后，自动推演正确的运动姿态、最佳运动量等）后，以竞技体育为切入点，通过收集训练数据，人工智能系统对其结果进行持续优化，对技术动作、训练量及其他指标进行优化计算，并且输入新的训练与竞赛中。此训练、收集、优化过程循环往复，不断提升，有利于促进运动成绩向人类的极限发展。国内外很多职业俱乐部都已在实际的训练与比赛中应用过相似的技术，其有助于教练员更加科学地安排运动员训练以及参赛安排和伤病恢复等情况。当人工智能技术融入竞技体育，便要全面拓展它在现代体育中的应用领域，如在学校体育以及群众体育领域进行延伸，并逐步在现代体育各环节中应用这一技术。

另外，也可以尝试把单体人工智能体育用品和机械装置结合起来，使人工智能技术思维成果具有主动式导向用户的媒介与可能性，同时，结合互联网大数据和云计算平台，实现对各类体育运动项目训练效果的分析和预测。

第二章

全民健身中智能体育的应用现状

本章主要研究全民健身中智能体育的应用现状，从三个方面入手，分别是体育健身 App 在全民健身中的应用、智能穿戴设备在全民健身中的应用以及 GIS 在全民健身中的应用。

第一节　体育健身 App 在全民健身中的应用

一、Nike+Running 跑步变成时尚

要在市场中获得主动地位，就必须有吸引顾客的新产品，不管是实物产品、服务产品，还是生活方式。一些公司提供的是其他公司也能提供的消费品，另一些公司则能提供消费者从未想到过的消费品，这两种公司的发展前途高下立现。说到底，成功的营销就在于价值的创造。

跑步作为一项技术含量低的有氧运动，受到许多人的欢迎，并以其作为日常锻炼方式。跑步不需要特殊的场地，也不需要特别的设施、设备，甚至对服装的要求也很低。跑步相比于其他竞技类运动项目来说比较枯燥、无趣，很多时候虽然人们订立一个跑步计划，却因为意志力不够而搁置。跑步虽然简单，但是若是没有掌握正确的方法，就无法达到健身的目的，掌握正确的跑步技巧、保持良好的情绪和心态能令人在运动中达到事半功倍的效果。

耐克公司推出的跑步 App，Nike+Running 是一款针对跑步者的 App，它能使跑步变得有趣起来，使跑步者不再是单纯地机械运动。跑步者无论到何处，只要有这款 App，就能够对自己的跑步过程进行测量、对比，还能通过 App 分享给好友。这款 App 的一大亮点在于 GPS 定位和跑步里程计算功能。跑步者可以借助 App 查阅自己跑步的有关数据，还能使用 App 看到实时地图。跑步者每跑 1 公里，App 就语音播报一次，同时提示这 1 公里跑步者所用的时间。Nike+Running 应用了好友标签功能，使用这款 App 的用户，可以在 App 平台上看到自己好友的跑步情况，并看到其中运动最活跃的人，还能用 App 功能给他们加油，这使跑步不再是一个人的事情，而是一项可以互动的趣味运动。跑步者还可以用 App 来播放自己喜欢的歌曲，用来给自己的跑步助力。音乐具有激发能量的作用，跑步者借助音乐的呐喊助威更容易刷新自己的纪录。最新的 Nike+Running 具有跑步记录对比功能，并且给用户提供一个将自己的跑步记录分享到社区的机会，这个社区由耐克创建，直到今天社区上的记录分享已经持续了多年。

（一）增强跑步健身的趣味性

跑步有利于提高身体素质，提高生活质量，尤其在提高睡眠质量和增强免疫力方面有积极作用。如果跑步者只是一个人在跑步，那么跑步的枯燥性就会被放大，哪怕跑步者的跑鞋有多么舒适，跑步都不容易坚持下去。很多时候，一些运动品牌为了吸引消费者，总是在品牌宣传上花大功夫，或者将产品包装得精美无比。但是，现如今的消费者明显已经不买账了，对他们来说，现在市面上的跑鞋已经完全能够满足他们的需求，甚至超越了他们的需求，他们需要的已经不再是更舒适或者更时尚的跑鞋了。

跑步本身是一项枯燥的运动，怎样才能提高其趣味性是耐克一直以来的一个疑问。10 年前，耐克开启了"Nike+"数字运动平台，实际上就是为解决这一问题所做的努力。当然，其努力成果也显而易见，耐克很快就发现了与跑步关系密切的一个要素——音乐。我们知道，有了音乐的鼓舞，人们跑步总是更有动力，因此耐克推出了一款 Nike+ 产品——Nike+iPod，这款产品为消费者提供的是运动与音乐的结合。令人遗憾的是，这种结合不算独特，因为别的运动品牌公司同样可以做到。

耐克还成立了一个孵化器，名叫 Nike+Acceleratoro。顾名思义，这个项目是具有"孵化"功能的，它要孵化出一批能够开发新颖产品的企业。这个孵化器挑选了 10 家有实力的企业，并于 2013 年送往美国俄勒冈州的波特兰市进行培训，为期 3 个月。在这 3 个月内，企业能够得到耐克 2 万美元的资助，用以开发出 TechStars（科技之星）风格的应用，并且使用"Nike+"平台推广。耐克希望开发出来的应用能够满足人们追求健康生活的需求。这样一来，针对体育健身设计的应用或者设备很快就会和大众见面。除此之外，孵化器还会继续利用 TechStars（科技之星）的基础架构来吸引其他企业作为开发者，这为耐克的发展注入新的活力。

（二）添加跑步健身的社交性

耐克采取"以产品为中心"的策略，在此策略之下，Nike+Running 可以说是一件完美的产品，因为它集社交分享、实时地图、跑步记录等功能于一体。以"Nike+"为切入点，耐克开辟了一座新的大门，里面充满了对新产品的想象。

Nike+Running 作为典型，具有以下几个方面的作用：

第一，Nike+Running 使跑步者不再轻视跑步，开始将其作为生活中必不可少的项目，甚至可以用参加比赛的态度来看待它。Nike+Running 帮助跑步者设计跑步路线，记录跑步进度，鼓励跑步者坚持下去。Nike+Running 可以为用户记录距离、速度、时间以及消耗掉的热量，同时在用户跑步时提供语音反馈。App 对跑步的所有记录都会上传到 nikeplus.com 上进行保存。这款 App 的跑步导航系统结构简单，层次清晰，便于用户使用，其 GPS 定位和跑步里程的计算功能能够帮助用户查阅自己跑步的有关数据，还可从 App 中查阅跑步地图。

第二，Nike+Running 借助音乐鼓励用户跑步。在 App 上，用户可以选择自己喜欢的歌曲来激励自己跑步，还能在上面收到 Nike 顶级运动员给予的鼓励。由于每天都会有跑步记录，因此，用户每天都可以以刷新昨日的纪录为目标，这有利于跑步锻炼者建立勇于突破、超越自我的精神。同时，如果用户在跑步过程中使用手机接电话、收发短信，App 也会照常运行，跑步记录和 GPS 定位都不会中断。App 提供的 GPS 定位还有自动获取天气状况的功能，用户可以根据 App 的天气播报来安排自己的跑步行程。

第三，用户可以使用 App 分享自己的跑步记录，跑步记录可以分享在 Facebook（脸书）或者 Twitter（推特）等网络社区，这样用户的好友都能看到用户的记录。耐克和 Facebook 形成结合关系，因此用户可以随时随地轻松地分享自己的跑步记录，并与好友进行互动。用户可以看到自己的跑步里程数、已经跑过的城市，以及跑步地图，分享之后好友之间互相都能看到。在 App 上，用户可以看到好友圈里面跑步的伙伴，给他们加油，此功能极大提升了 App 的互动性。

（三）满足跑步健身的个性化

耐克想要创建一个更理想的平台，以智能服务来满足用户体验。当然，耐克还有宣传自身品牌及 App 产品的目的。基于此，耐克使 Nike+Running 和 nikeplus.com 结合起来，并用网络技术重新制做了网站，对首页进行版面和功能优化，使用户能够更加轻松地看到关键数据和活动摘要，并从网站上访问更新的功能。

目前，Nike+ 社区包括 Nike+Basketball、Nike+Training 以及新上市的 Nike+Kinect Training，已经发展为一个综合的运动体系。无论是谁，都可以从这个体系中找到能够满足自身需要、符合自身兴趣的产品。例如，Nike 和 TomTom 合作，推出了许多新产品——Nike+Sport Watch GPS、Nike+Fuel Band、Nike+Sport Band、Nike+Running 以及搭载了 "Nike+" 科技的 iPod nano。

哪怕不同用户对不同运动项目有兴趣，这些用户也可以通过访问 ni-keplus 网站来互相分享自己的运动数据和记录，这体现出非常强的联动性，从而引起运动热潮。

（四）综合提升用户体验满意度

"Nike+" 已经覆盖了多个移动领域，在多种移动平台上都能够运用 "Nike+" 的功能。耐克致力于为跑步者提供更多元化的服务，耐克的努力没有白费，越来越多用户体验到了使用 "Nike+" 科技所带来的乐趣。用户的意见反馈是最好的广告，如许多用户都表示，如果没有 Nike+Running 的鼓励，他们很难完成那么多的运动任务，更有用户表示，虽然一个人跑步免不了孤单的感受，但是，在每次跑步结束后，看到自己刷新了自己的跑步纪录，便会很享受这一成就感。

耐克公司善于抓住消费者的需求，尤其是仍未显现出来的隐性需求。曾经，耐克作为体育用品行业的领军，开辟了体育科技之路，从此举起了科技创新的旗帜，也形成了科技创新型企业的形象。今天，耐克也把握住了互联网高速发展的时代，通过 "Nike+" 系列的各款新产品，证明了自身的发展潜力。

二、adidas miCoach 一个健身私教

在我们周围的人群中，总有不少以跑为乐，希望进一步提高跑步能力的爱跑者，他们三五成群结伴前行，或戴着耳机独自奔跑。同时，想要借助跑步运动来进行健身、减肥、塑形的人越来越多，已经形成一个庞大的群体。在这些人群之中，不管是刚开始接触跑步运动，还是已经将跑步运动作为一种生活习惯，跑步者都需要专业的跑步训练指导，并且这种指导必须简单易懂，同时符合自身需要，才能以此来获得更愉快、更安全的跑步体验。

Adidas miCoach（阿迪达斯运动教练）智能跑步训练系统和可以无缝加载这套系统的 adidas 跑鞋正好满足了这一需求，让手机作为跑步者的贴身教练，指导跑步运动。这套系统的功能丰富，不仅有步伐触发语音指导，还有个性化和运动专项培训计划以及 GPS 定位和训练记录等基本功能。MiCoach App 一方面能够为

跑步者提供具有保护的运动方式，另一方面还能给跑步者带来良好的跑步体验，App 能够迎合每一位用户的需要，根据用户身体状况的不同，提供跑步训练建议和指导。用户可以在其中选择自己喜欢的跑步训练计划，达到提高跑步速度和身体耐力的目标，还可以在 App 上与好友分享自己的跑步记录，从而创造一种全新的跑步锻炼方式。

（一）智能健身训练系统——adidas miCoach

如果提及当前的体育运动品牌，那么 adidas（阿迪达斯）和 Nike（耐克）则是业界当之无愧的领跑者，二者不仅在产品领域竞争激烈，在高科技方面的竞争更是达到白热化的程度。随着消费者对产品提出的要求越来越多，adidas（阿迪达斯）意识到只有通过不断创新，勾起消费者的好奇心并加强与他们的互动，才能有效地点燃他们的新需求和兴趣点。

adidas（阿迪达斯）也清晰地了解到，消费者对运动产品提出的要求早已不局限于外观、质量、知名度等因素，"科技运动装备"概念正好迎合了消费者的兴趣点和需求点。

为此，adidas（阿迪达斯）公司研发了一款新的体育产品，即 adidas miCoach——智能跑步训练系统，它的各项功能能够非常贴合用户需求，有利于用户在科学的体育指导下进行跑步训练，从而形成一种全新、健康的跑步训练方法。miCoach 其实可以理解为"MyCoach"，意思为"私人教练"或者"虚拟跑步教练"。

随着 miCoach 技术不断走向成熟，adidas（阿迪达斯）推出了新一代的 ClimaCool Regulate 跑鞋，这款产品不仅可以作为普通跑鞋使用，也可根据用户的不同需求进行不同的搭配。通过鞋底处增设专用功能拓展槽，使智能跑步训练装备得到更新，并实现了与 adidas miCoach 无缝连接。这款多功能鞋的鞋垫上设有一个特殊设计的传感器模块，能够检测使用者在运动时所产生的各种信息和变化，它可以实时监控使用者跑步训练时的有关数据，如距离、步频、步速和心率等。用户可以利用它来设定锻炼的目标，它会在用户跑步训练时，给予实时的语音指导，这样有利于用户达到自己预想的锻炼效果，同时避免用户因为过度的训练造成身体损伤。ClimaCool Regulate 跑鞋对 miCoach 的兼容只是一个开始，2010 年，adidas 把所有重点鞋类产品都实现了与 miCoach 的无缝加载。

（二）健身私教——miCoach

adidas miCoach 体系由三个部分组成：一是注入了 miCoach 科技的运动鞋，二是智能手机中的 miCoach App，三是 miCoach 官方网站。在这三个元素的互相配合下，运动者能轻松地开始 miCoach 之旅。拥有 miCoach 应用程序及与跑者进行语音沟通的硬件后，运动数据便能上传至 miCoach.com 上。每一位跑者将 miCoach 硬件连上电脑，登录 miCoach 网站，就可以根据自己的需要制订相应的跑步训练计划。

miCoach App 的功能特点主要有以下几点：

①可以同步到 miCoach.com 中保存和观看用户运动的详细解析。

②衡量使用者跑步距离、步速、燃烧的卡路里和耗费的时间。

③每天的锻炼计划和教练的意见反馈都可以在手机上进行。

④户外与室内两种锻炼模式可供选择。

⑤运动时方便地接通 MP3，播放使用者喜欢的音乐。

⑥用磨损警报来跟踪用户跑鞋的使用情况。

⑦可以很轻松地定制提示语音。

miCoach 相比于其他跑步指导 App 来说，特点在于非常"贴身"。用户在训练过程中表现如何，是否接近预定目标，miCoach 都会语音提示，这样有利于用户按照自己的目标来进行训练。adidas（阿迪达斯）也建立了 miCoach 网站，不但用户的训练目标非常多样，包括减压、减肥、健美、训练等，而且在这个网站上，用户还可以与智能教练进行沟通交流，获得相应的指导。miCoach 会结合用户曾经的跑步记录，提供跑步训练目标和计划的建议，使用户在跑步训练过程中做到循序渐进。用户使用 miCoach 来陪伴自己跑步过后，很快就会意识到目标对于跑步训练来说有多么重要。用户在 App 上订立目标之后，就能开启自己的跑步训练之旅。

在 miCoach 官网上，用户的讨论发言也异常火爆。他们通过各种讨论帖各抒己见，交流使用经验，形成了一个稳定的网络社群。adidas（阿迪达斯）通过收集用户发言内容，统计数据等资料及时准确地分析用户的使用反馈，从而把这些反馈信息带到实际开发生产中，为这部分精准的用户群体带来更多、更好的运动产品。

不少用户表示，miCoach 的出现对于他们目前的各种情况是最适合不过的。如何制订训练的计划实际上与他们的心率指标息息相关，如想减肥的朋友，会依据大部分网友的实际情况来选择自己的运动时间，最后他会选择 40 分钟这种最有效心率的长跑时间。

第二节　智能穿戴设备在全民健身中的应用

一、智能穿戴设备的发展演变

（一）蜕变

智能穿戴设备从 20 世纪 80 年代至 90 年代得到很好的探索和发展。

伴随着 1975 年全球第一台手腕计算器 Pulsar 的限量推出，智能穿戴设备拉开了蜕变的序幕，开始脱离赌博这个领域，向着与人民生活息息相关的境界迈进，具体情况大致如下：

1977 年，柯林斯（Collins）为盲人研发了一款智能穿戴设备，利用头戴式摄像头把图像转换为背心内触觉网格。

1979 年，索尼推出 Walkman（随身听）卡带随身听。

1981 年，史蒂夫·曼恩（Steve Mann）发明背包式计算机，具有文本、图像、多媒体功能及头盔式显示器。

1984 年，卡西欧（Casio）开发 Casio Databank CD—40，这是世界上第一个可以储存资料的数字手表。

1989 年，Private Eye 头戴式显示屏研制成功。同年，麦兰瑞（Megellan）公司发布消费级手持 GPS 设备。

1990 年，OlivetTI（好利获得公司）开发出一款胸章，可向办公楼红外接收器发送用户 ID，由此跟踪用户的位置。

1993 年，哥伦比亚大学的研究人员研发出 KARMA 增强现实系统，其中包括 Private Eye（私人侦探）头戴式显示屏。

1994 年，多伦多大学研究人员研制出一种腕式计算机，它能把键盘和显示屏紧固到用户的前臂。

1999 年，RIM（移动研究公司）推出首款产品——RIM 850 双向寻呼机，这种装置也就是今天的"黑莓"装置。

（二）爆发

进入 21 世纪以后，智能穿戴设备进入突飞猛进的发展时期，应用领域日益扩大，产业规模也随之扩展。

2000 年，全球首款蓝牙耳机发货。

2006 年，耐克的苹果团队开发了一款需要与 iPod Nano 配合使用且能够记录行走距离和速度的设备。

2008 年，Fitbit（美国消费电子产品和健身公司）推出首款夹在衣服上的健身设备，该设备可以追踪用户的步数、行走距离、热量消耗、运动强度和睡眠状态等。同年，Looxie（一款即时在线图片精准定位分享平台）推出可以固定在耳朵上的智能穿戴摄像头，该设备每天最多能记录 10 个小时的视频。

2010 年，Brother（兄弟公司）推出 AiRScounter 头戴式显示器，该显示器可以将大小相当于 14 英寸屏幕的内容投影到用户前方 1 米左右的地方。同年，Eurotech Group（欧泰）开发了一款固定在手腕上的小型触屏计算机 Zypad。

2011 年，Up 健身腕带出现。该设备可与智能手机应用关联，进而对睡眠、运动、饮食状况进行追踪。

2012 年，索尼推出 SmartWatch(智能手表)。本装置可以蓝牙连接 Android(安卓)手机，其功能包括提供健身与健康追踪、在线语音导航等。

2013 年，谷歌公司开发推出了一款"拓展现实"眼镜，并且开始引起了媒体的广泛注意。随着智能手机的普及以及移动互联网的发展，"扩展现实"逐渐成为人们生活中一种不可或缺的信息传播工具。与此同时，这种装置让智能穿戴设备逐渐进入民用领域。2013 年，百度发布全国第一款穿戴设备咕咚手环，产品一经上市便获得广大消费者青睐和追捧。咕咚手环既可以支持运动提醒，还可以根据睡眠记录，把佩戴者在最理想的时刻叫醒，只是这个产品不具备通信的功能。

2014 年初，谷歌公司发布了一款 Android Wear（智能手表应用软件）系统，专为智能穿戴设备设计。产品一经发布就引起了巨大轰动，并迅速在全球范围内掀起了一股智能手环热潮。在 2014 年的 CES 展会（国际消费类电子产品展览会）

上，华为推出新款智能手环，产品不仅有锻炼、睡眠和其他常规监测性质的作用，还增加了蓝牙耳机的功能，这是那个时候别的手环所没有的，精巧的搭配使这款智能手环受到了广泛关注。

2016 年，在春、夏纽约时装周上，英特尔携手建筑学运动服装设计师共同发布了两款"响应式服装"。两款智能服装特殊之处是配备英特尔硬件平台 Curie，它通过传感器采集使用者的心跳、体温和其他人体生理信号，也可以通过将形状记忆合金整合到服装上，使服装发生形变，从而引起了人们的关注。

三星开发出了与手机应用程序相匹配的穿戴式智能腰带，并于 2016 年 11 月份正式上线。腰带能够跟踪使用者腰围、步数与饮食 3 项健康指标，当使用者食量过大时，腰带则提醒人们不要再进食。另外，它能通过传感器检测使用者是否处于睡眠状态，同时，三星的智能腰带内部也配备有计步器，还可记录使用者每日坐着的时间，若长时间坐下，它会提醒使用者起来活动。这对于胖子来说，无疑是一件幸事。

由国外设计团队设计的智能戒指 Xenxo S-Ring 于 2018 年 6 月份正式发布，这款智能戒指拥有纤薄、时髦的造型，通过蓝牙连接电脑或者 iPhone 的操作功能更为方便，只要伸出手指头，就可以完成买单、通话等操作，具有防丢提醒、闹钟、运动记录等功能，它能够解决现有智能穿戴设备尚没有解决的诸多不足，被称为"最智能的智能戒指"。

2018 年 8 月 13 日，INDEMIND 举行了"重构双重世界，缔造真正混合现实"主题发布会暨 INDEMIND MELLO 新品见面会。该活动旨在通过全新概念和技术为用户带来前所未有的沉浸感体验，同时，也将进一步提升行业内对真实场景应用开发与研究水平。INDEMIND 第一款使用自研 inside-out 定位的真实混合现实头显 MELLO，利用此装置可以提供 SLAM 功能、障碍物检测、路径规划、自主导航、智能分拣、生产协作等功能。

在短短的几十年时间里，智能穿戴设备逐渐蜕变为改变各领域的中坚力量，充斥在我们生活中的各个方面。智能穿戴设备作为一种新型技术产品，它的产生与兴起有着深刻的社会背景。通过研究智能穿戴设备产生、发展、蜕变与爆发四个阶段分析可见，智能穿戴设备势必要向平民化、设计美观的方向发展，还会更加贴近我们生活中的各个方面。

二、智能穿戴设备的分类及相关技术

随着智能穿戴设备应用领域的不断扩大，虽然实现功能不断增多，融入的技术也越来越多，却总是离不开传感技术、无线通信技术、显示技术、电源管理技术、大数据等相关技术。

（一）智能穿戴设备的分类

智能穿戴设备的种类繁多，分类的方式也随之增多，按照不同的分类方法可以划分为不同的类型。

1. 按功能分类

目前，智能穿戴设备主要应用于医疗健康和运动健身领域。有的企业将能监测心电信号的智能穿戴设备应用于一些贫困地区，监测人们在散步、慢跑等活动过程中的心脏情况，从而达到预防心脏疾病的目的。部分企业通过智能穿戴传感器检测用户在运动过程中心率的变化，以计算用户消耗的热量和卡路里，从而评估用户的健康水平，并为用户制订合理的健身计划。利用智能穿戴设备，人们可以更加精确地感知并量化自身和外部信息。因此，智能穿戴设备按照功能可分为两类，一类是自我量化，另一类是体外量化。

（1）自我量化

自我量化即将用户的心率、肌电、脉搏、血压、血氧、体温等自身信息进行量化，可分为运动健身与医疗保健两个部分。其中，运动健身部分的智能穿戴式设备主要采用手表、手环、腕带等形式，用于检测用户所处环境的 pH 值、气压、海拔、运动行走的步数、消耗的卡路里、潜水的深度等参数。Seong（盛）等提出了一种腕带平台，能通过点对点直接与其他设备和传感器进行连接通信，从而获得用户活动时产生的数据。医疗保健部分主要是监测用户的心率、血压、血糖等与身体状况有关的生理参数，主要形式有手表、胸带等。有的研究者研发了一款生物手表，能检测心电、血压等生理信号，从而监测人体的健康水平。

（2）体外量化

体外量化即利用智能穿戴设备放大用户感知外部信息的能力，并协助用户进行信息的处理，用户可以使用设备中的传感、处理、连接、显示功能来实现自身感觉外部信息功能的增强或感知自身原本无法感知的信息。体外量化的应用领域包括休闲娱乐、信息咨询、远程控制等，设备形式以手表、眼镜为主。有的研究者利用带有小型温敏传感器的智能穿戴式眼镜检测鼻部皮肤的温度，根据鼻部皮肤温度的变化评估人的生理和心理状态。

2.按佩戴位置分类

将智能穿戴设备按照位置可分为头箍、头盔、眼镜、挂件、臂环、腕带、手环、手表、戒指、服饰、鞋等。

佩戴于手腕处的智能穿戴设备以手环和智能手表的形式为主。手环主要用于运动健身领域，记录用户在运动中消耗的能量、运动的时间、距离等数据，有些手环还能监测用户的睡眠状况。智能手表不仅具有手环的功能，还增加了心率、体温、陀螺仪等传感器，能更全面地对用户的运动进行监测。智能手表还可以与智能手机进行通信，在手表屏幕上显示手机接收到的通知，并对手机进行简单操作。因此，智能手表的发展得到广泛关注。

（二）智能穿戴设备的相关技术

智能穿戴设备使用的主要技术包括传感技术、无线通信技术、电源管理技术、显示技术、大数据等。

1.传感技术

智能穿戴设备是安装在人体、动物及物品上，能感知、传递和处理信息，且能进行动作检测、环境感知、手势识别、语音控制、生理信号监测、影像感测的设备，因此传感器是智能穿戴设备的核心。智能穿戴设备的传感器主要分为运动传感器、生物传感器和环境传感器，随着传感技术由嵌入式技术向微机电系统技术的发展，传感材料也逐渐由半导体材料向纳米、纳米硅材料过渡，传感器逐渐趋于微型化和智能化，从而促进智能穿戴式设备逐渐向植入式发展。

（1）运动传感器

运动传感器主要包括加速度传感器、陀螺仪、电子罗盘传感器、大气压传感器等。运动传感器早已普遍地被应用于智能穿戴设备中，以实现如下功能：检测横竖屏、计步器、双击应用，如手环或手表操作空间有限，可以利用双击功能启动其中的某一应用程序、震动检测、手势识别等。其中，陀螺仪用于检测设备偏移的角度；电子罗盘传感器可以实现方向的检测，用于辅助导航；大气压传感器可以测量用户所在地的气压值和海拔高度，以实现天气的预测。还可以通过运动传感器检测、记录、分析用户的运动情况，计算并统计用户的运动量，为用户量身设计合理的运动计划。

（2）生物传感器

生物传感器主要包括心率传感器、体温传感器、血压传感器、血糖传感器等，用于采集人体生理信号，主要实现对用户身体状况、病情的监测并及时报警，降低用户患病的概率，为医生的诊断提供可靠的依据，提高诊断的准确性，同时也能使家人及时了解用户的情况，在一定程度上推动了智能穿戴设备在医疗保健行业中的应用。谷歌研发出一种用于对糖尿病患者血糖进行实时监测的智能隐形眼镜，利用生物传感器检测用户眼球表面的泪液以获得血糖水平，并将检测到的血糖值发送给移动智能终端，供用户随时了解自身血糖浓度。

（3）环境传感器

环境传感器主要包括温湿度传感器、紫外线传感器、pH 值传感器、气体传感器、气压传感器、环境光传感器、颗粒传感器等。我们现在所处环境中存在很多对身体健康有危害的因素，如空气污染、水污染、噪声污染、光污染、电磁辐射、PM2.5 污染等，易引发各种慢性疾病，因此，利用环境传感器监测环境的温度、湿度、紫外线强度、pH 值、气压、颗粒大小等参数，以实现环境监控、健康提醒，减少环境对用户健康的影响。随着工业的发展，PM2.5 的污染越来越严重，雾霾天气已经对人们的生活和身体健康造成了很大影响，所以对 PM2.5 等颗粒物的监测变得越来越重要。夏普公司研究的 PM2.5 传感器采用虚拟撞击器方式区分出 PM2.5 颗粒，再利用光传感器检测 PM2.5 颗粒的数值，能够准确地检测环境中 PM2.5 的浓度。

2. 无线通信技术

在智能穿戴设备中，需要在一个或多个设备间进行交互，无线通信具有高度的自由度和灵活性，因此能增加智能穿戴设备的可移动性和简洁性。目前，智能穿戴设备中使用较多的无线通信技术有蓝牙、无线高保真、近场通信等。同时，智能穿戴设备使用的无线通信技术要满足体积小、灵活性高、组网方便、功耗低、辐射低、抗干扰能力强及安全性高等要求。根据智能穿戴设备所要实现的不同功能，需要选择不同的无线通信技术，或将几种无线通信技术结合使用。

（1）蓝牙技术

最初由瑞典爱立信公司发明的蓝牙 1.1，经过不断地改进和发展，逐渐出现蓝牙 1.2、蓝牙 2.0、蓝牙 2.1、蓝牙 3.0、蓝牙 4.0 版本，实现了设备间短距离（一般在 10m 以内）的无线通信，且具有低功耗、抗干扰能力强、低辐射等特点，能为固定设备与智能穿戴设备之间提供链接，且同时传输语音和数据信息。智能穿戴设备正逐渐趋于微型化，要想实现用户穿戴无感，功耗是一项十分重要的因素。蓝牙具有超低功耗的优点，可大幅降低设备的功耗，因此，蓝牙技术已经被广泛应用于智能手表、手环、腕带、医疗保健、健身等智能穿戴设备中。

（2）WIFI

WIFI 是属于 IEEE802.11 系列的，可以将个人电脑、手持终端以无线方式互相连接的通信技术。WIFI 具有覆盖范围广、传输速率快、低功耗且健康安全等优点。博通公司推出的嵌入式设备互联网无线连接平台是一个低功耗、低成本的无线平台。在 WICED（Wireless Internet Connectivity for Embedded Devices）平台中加入 WIFI Direct（通过 WIFI 直接建立连接）功能后，实现智能穿戴设备 WIFI 联网功能。WIFI Direct 与蓝牙类似，都支持设备以点对点形式连接，且能实现多台设备同时连接，同时传输速率和距离与蓝牙相比都有大幅度提升。

（3）Zig Bee

Zig Bee 是一种能在短距离内实现无线通信的技术，具有低功耗的特点。与成熟的蓝牙、WIFI 等无线通信技术相比。Zig Bee 相对简单，虽然传输速率也较慢，但是可靠性较高，成本也更低。Zig Bee 最大的优点在于组网很方便，能形成很大的网络规模，便于多个网络节点的管理，其主要应用于人体生理参数监测的医疗保健领域的智能穿戴设备中。有学者提出了一种基于 Zig Bee 技术的用于健康环境监测的智能穿戴设备，并分析了在不同距离下利用 Zig Bee 传输的质量。

（4）NFC（Near Field Communication）

NFC 是一种能在短距离内（一般在 10cm 以内）与兼容设备快速识别和数据交换的高频无线通信技术。与蓝牙技术相比，NFC 技术操作简单、连接快速。NFC 技术由无线射频识别技术衍生来的，能与 RFID 兼容。NFC 技术的适用范围较广，可读写且能直接集成在智能穿戴设备中。与红外线技术相比，NFC 技术数据传输较快、功耗更低（可以进行无电读取）。鉴于 NFC 技术具有许多优势，因此将 NFC 技术应用于智能穿戴设备中，与智能手机或其他电子设备连接，能方便地实现数据传输和移动支付等功能。

3. 电源管理技术

受体积和充电时间的限制，电池成为制约智能穿戴设备发展的一大瓶颈，续航能力弱的产品会让用户产生较差的体验。因此，研发一种体积小、续航时间长的电池是智能穿戴设备发展中亟需解决的问题。当前，主流的智能穿戴设备的电池有两种：第一种是高容量和高密度的一次性锂电池，这种电池需要使用者经常更换电池，但能降低生产厂商的成本；第二种是可充电电池，虽然与一次性锂电池相比储电量较低，但可供用户重复使用。另外，智能穿戴设备电池的充电方式除了传统的 USB 充电外，无线充电和能量采集充电也是当前备受关注的充电方式。无线充电是通过充电器与设备之间的电感耦合传送能量，实现设备充电；能量采集充电是指采集设备周围的能量并转换为可以存储和采集的电能，利用这项技术可以随时随地为智能穿戴设备充电。相信随着可弯曲电池的发展，很多充电方式将成为可能，并且具有合适的尺寸和足够长的续航时间优势，便捷充电方式的电池也将会在智能穿戴设备中使用。部分研究者研发了一种用于智能穿戴设备的新型自我充电的电源，由纱质的超级电容和纸质的摩擦电纳米构成，不仅穿戴舒适，还可弯曲。

4. 显示技术

用户购买智能穿戴设备时，第一印象除了设备的外观外，就是设备屏幕的显示效果。在智能穿戴设备中，显示屏具有可弯曲、透明、轻薄等特性。因此，柔性显示技术与透明显示技术逐渐成为智能穿戴设备技术中的研究热点。

（1）柔性显示技术

柔性显示具有轻薄、低功耗、可弯曲、柔韧性强等优点，不仅使设备具有多变、舒适的外观，也使设备更加贴合人体，同时降低了设备的功耗。因此，柔性显示技术被广泛地应用于智能穿戴设备中，特别是智能手表等设备中。目前，用于柔性显示的技术主要包括电子纸技术和有机发光二极管技术。其中，电子纸是一种轻薄、可重写、便于携带、可弯曲、超低功耗的类似自然纸张的电子显示屏幕。智能穿戴设备柔性显示技术的发展还刚处于起步阶段，要从可弯曲发展到可卷绕、可折叠，以及从柔性显示发展到触控、电池、电路板等的柔性仍需很长的过程。

（2）透明显示技术

透明显示能让用户看到屏幕后面的事物，具有轻薄、便携、低功耗、支持三维显示等优点。在一些智能穿戴设备中已经应用了透明显示技术，如谷歌眼镜的镜片等。虽然透明显示技术存在成本高、亮度有限等缺点，但随着相关技术的成熟和材料的不断更新，成本、亮度等问题会迎刃而解，透明显示技术将在智能穿戴设备中得到更加广泛的应用。

5. 大数据

随着智能穿戴设备集成功能的不断增多，能监测的数据也越来越多，然而，目前大部分智能穿戴设备只是简单地进行信息提醒（如通知功能）、数步数（如追踪功能）、提供互联网或游戏接口（如谷歌眼镜）等操作，既不会对数据进行分析，也不能向用户反馈有意义的信息。因此，必须将传感器采集到的大数据整合到强大的分析平台中进行分析，再向用户反馈这些数据所反映的用户自身运动、健康等状况，并提供相应的解决方案，真正地解决人们在生活中遇到的问题。

大数据处理数据的基本流程主要包括数据采集、数据处理与集成、数据分析、数据解析四个步骤。因为从智能穿戴设备传感器获取的数据源结构不同（有结构、半结构、非结构数据），所以先要利用数据处理与集成技术将数据源转变为统一的结构，以方便后续处理，然后利用数据分析方法对统一结构的数据进行分析，再将分析后得到的结构通过可视化技术反馈并展现给用户。

虽然目前大数据仍存在用户隐私泄露等问题，但随着大数据、云计算、移动互联网三大技术的不断发展与融合，必将给智能穿戴设备的用户带来更好的效果体验，也将为用户的隐私提供更安全的保障。

三、智能穿戴设备在体育活动中的应用领域

（一）大众健身领域运用分析

将智能穿戴技术运用到健身中，目前，在市场中最为流行的就是"量化自我"应用。智能穿戴技术的核心是将数据采集与分析融入具体动作之中，并通过实时监测人体健康状态对用户进行评估。智能穿戴技术可以使人们对个人的身体以及生活状况进行全方位的跟踪，融入个性化学习材料，并形成评价即时反馈，从而

自觉调整自己的行为习惯。如今，大多数人还不知道自己的身体状况如何。智能穿戴技术是可以帮人们认知这一点的有效方法。例如，智能穿戴技术载体，即活动跟踪仪，这个装置具有可移动性，因此可以帮助用户监测每天的生活运动量、脉搏、运动里程与睡眠习惯等。另外，在一些需要监测健康数据的场合，如医疗领域等也有广泛的需求，在这一领域中很受欢迎的产品之一就是"Nike+"、小米手环等，这些产品能够以无线的方式把数据传送给电脑或者智能手机以供参考。用户利用手机等智能设备，也能在不同时间采集大量数据来监测自身的身体状况并作出相应反应。例如，智能网球传感器，既能帮助用户记录每日累计击球次数，也可对各技术动作的运用及最高击球时速、每分钟击球次数、所耗热量等进行分析，清楚地告知用户运动的强度，目标任务的完成程度等，让使用者更清楚自身技术水平和运动量，实现了人机交互。智能手表是一种集电子测量功能于一体的设备。相对活动跟踪仪而言，智能手表得到了更为广泛的使用，可以用来打电话，也可以当作导航装置使用，还能帮助用户上网、记录体育活动与健康方面的信息。

（二）学校体育领域运用分析

学校体育是体育的基础阶段，正逐步被人们重视。怎样提高学校体育的质量，做到课内课外一体化，让体育教学的过程不囿于课堂，探寻有效延伸路径等，是体育教育工作者所面临的重要课题。随着社会经济和教育事业的快速发展，人们对自身健康的关注日益提高，体育课作为培养人身体机能的重要途径之一，在现代教育体系中发挥着重要作用。2016年5月颁布了《国务院办公厅关于强化学校体育促进学生身心健康全面发展的意见》，提出了学校体育发展的基本方针，其中第1条指出，必须把课堂教学和课外活动联系起来。由此可见，开展课内课外一体化对于提高学生身体素质和运动技能有着重要意义。然而，当今关于实现课内外一体化的相关研究主要侧重于俱乐部模式、课程改革调整等方面，在很大程度上具有宏观性，但实效性却不显著。从智能穿戴技术交互性强的特性出发，通过智能穿戴技术提供的数据，记录、了解学生的运动轨迹等。由此，高校学生体育课外管理"互联网+"模式应运而生。2015年，Coffman（科夫曼）与Klinger（克林格）通过实证研究，发现智能穿戴技术可以为教育工作者提供教学过程的"无缝接入，交互操作，内容创建"，从而激发学生的学习兴趣，培养创造能力，同时促进合作，增强反馈。

伴随着信息技术的进步，"乐动力""咕咚健身"等智能穿戴设备产业链上的手机计步类智能穿戴 App 已经逐渐地出现在了人们的生活中。这些产品主要是面向高校学生群体开发出来的，如"快乐校园"就是其中一款专门针对高校大学生设计制作的计步类产品。以"乐动力"来说，除具有基本计步功能外，用户的出行轨迹及每日消耗卡路里数也被记录下来，并且它还有很强的社交元素，支持网友登录新浪微博，并且通过新浪微博好友链接，看到微博好友里朋友行走步数和排名情况等。

对于学生来说，对数据进行深度挖掘，不仅可以更好地了解自己的活动量，记录生活中的点滴，甚至有些软件经过更新优化还可以将运动所消耗的热量兑换为实物礼品，使运动软件更加诱人，更有趣味性，从而让学生对体育锻炼感兴趣，使学生自觉地把体育课程向课外锻炼拓展。

对教师来说，教师可根据智能穿戴技术所提供的信息，获知学生的信息，从而开发出适合学生个性化的学习方案。在体育教学中，体育教师要充分利用大数据分析工具，帮助学生掌握正确的体育锻炼方法与策略，提高自身身体素质。众所周知，学生要想锻炼好身体，必须进行适量的锻炼。在体育教学中适当进行高强度的体育锻炼，有助于促进学生健康发展，中等强度的身体锻炼可以达到更好的锻炼效果，产生良好的心理效应，运动强度太高、太低，均对健康不利，强度过大将对身体造成危害，导致机体免疫机能降低。如果运动量过大，很容易出现过度疲劳甚至中暑等问题，严重时可能危及生命。但是缺乏足够的运动强度，不仅影响健身效果，还会使运动器官受到无意义地磨损。因此，教师可借助智能穿戴技术，获取学生课内、课外运动信息，对其分析引导，这样才能让学生体育锻炼取得较好成效。

以智能穿戴技术为基础，在原有功能上，能够实现对学生活动的实时监控，利用智能穿戴技术所提供的数据获知学生运动情况、记录学生的运动轨迹等。并利用智能穿戴技术还能够收集到大量与学生体育锻炼相关的信息数据。这些资料将作为客观依据，在衡量学生体育成绩时起到一定的辅助作用。这种新型的体育评价方式不仅能够提高学生锻炼的积极性，还能帮助教师及时掌握学生的学习进度及学习效果，并作出相应调整。同时，也意味着高校学生体育课程管理工作创新平台又出现了一条新的途径。由此，高校学生管理"互联网+"模式应运而生，在此基础上，学生体育课程考核评价体系也会随之发生变化。

四、智能穿戴设备在体育活动中的价值

（一）监督运动情况，调节运动状态

智能穿戴设备可以将用户自己的运动参数，如心跳、血压等，实时传输给用户，现有智能穿戴设备能够监管用户活动参数，并将用户实时运动参数传递到用户所佩戴的智能穿戴设备上。所以，当用户在做慢跑、游泳、骑自行车等有氧运动时，使用者可以时刻监控自己的心跳、血压等。另外，通过分析和计算使用者的心率、呼吸率、体温等生理参数，得到一些与之相关的数据，并且及时根据参数调整自身运动情况，使体育运动参与者在锻炼过程中可以随时调整自身状态和运动情况。

（二）纠正动作，高效训练

如今，部分企业对智能穿戴技术的研究已经更加深入，体育类智能穿戴技术企业 Moov（慕微）的智能穿戴设备，可以捕捉用户手臂、腿部的多种动作，通过采用人工智能算法和对 3D 空间运动状况进行测量的传感器，使用户处于游泳、跑步或射箭等状态时的身体姿态和理想运动模型（由专业运动员在锻炼时采集回的数据）进行比较。通过比较分析得出，在不同类型的体育项目上，用户所表现出来的各项指标都是存在差异的。所以对体育运动初学者来说，对照数据参数，应该了解如何去规范自己的运动动作，以便在学习体育运动的过程中，更科学、更有效地开展训练。

（三）预防运动员的运动损伤

智能穿戴设备能够向医疗保健人员发送运动员身体的实时数据，针对运动员的身体状况，为运动员的训练计划进行量身打造，针对运动员机体疲劳情况分析建模，实时掌握运动员竞技状态的起落。通过采集和存储运动员的健康数据以及生理参数等信息，结合相应的模型算法计算出运动员当前所处阶段的竞技状态。以此为依据，让选手们在比赛中使身体状况处于最佳竞技状态。采集到的运动员运动数

据，已完全可以使用大数据来进行处理和分析。与此同时，还能对运动员受伤前后的生理特征和心理活动等方面信息进行采集，并以此建立存储数据库。运动员还能通过智能穿戴设备采集运动数据，用于平常比赛，如可以对运动员伤前身体状况数据建立模型，以使医疗保健人员对运动员身体状况进行实时追踪，并在运动员伤病发生之前，及时发出警告，从而达到降低运动员运动损伤的目的。

（四）提高运动员的竞技水平

未来将是"物联时代"，也就是说，人们能够通过智能设备对汽车、电器和其他设备进行智能控制。随着物联网技术的发展，智能硬件已经成了新的研究热点和应用方向，其中运动智能穿戴设备就是一种典型代表。在体育领域中，智能穿戴设备能够对运动员所用设备进行智能化设计，当运动员使用比赛器材时，该器材就会增加设备中的数据，同时配合运动员智能穿戴设备，使运动员更准确地认识到自身动作中存在的优点和缺点，从而实现运动员和比赛器材达到"人物互联"的效果。例如，球类运动员可依据足球中传感器所回馈的力量和击球点的信息，修正自己的行为，从而不断提升自己的竞技水平。

第三节　GIS 在全民健身中的应用

一、GIS 的概述

（一）GIS 的定义

地理信息系统（Geographic Information System，GIS）是 20 世纪 60 年代后期发展起来的，这是一项受到世界各国普遍关注的新技术，属于信息科学、空间科学与地球科学的交叉学科，其发展与计算机技术和遥感技术密切相关，同时，地理信息系统的发展还与信息工程与现代地理学有着密切的关系。科学技术的进步以及人类社会经济活动范围不断扩展，对地理信息技术提出了更高要求。当前，在与地球资源和环境相联系的所有学科中，地理信息系统有着非常广泛的用途。

（二）GIS 的功能

1.输入功能

输入功能可以说是 GIS 的核心功能。GIS 的输入功能指的是对空间数据和非空间数据进行录入。当然，如果数据类型不同，所使用的录入方法也会不同，这些录入方法包括数字化录入、扫描录入和键盘录入三种。目前，输入功能的探索正在向语音录入的方向发展。

2.编辑功能

数据被输入以后，GIS 可以对这些数据进行编辑和修改。编辑和修改过的数据会更加符合系统数据管理标准的要求。GIS 的数据编辑功能与 GIS 的数据结构模型有关。目前，GIS 的数据组织形式有五种，分别是矢量结构、栅格结构、不规则三角网、泰森多边形以及超图结构。同样，如果数据结构不同，那么数据编辑方式也有所不同。

3.查询、检索功能

GIS 还具有管理数据库的功能，这项功能具体包括查询功能和检索功能，这是用户比较基本的需求。今天，一些 GIS 已经实现了与专业数据库软件的集成。

4.输出与显示功能

对数据分析之后，GIS 具有将数据和数据分析结果输出的功能，数据可以输出到屏幕、打印机、绘图仪等。GIS 被称作地理学的第三代语言，在现代制图技术中，GIS 拥有一席之地。GIS 对成图输出的要求很高，其成图输出包括图形输出和属性输出（如报表、统计数据等）。

二、GIS 在全民健身运动中的应用

农民体育健身工程是在国家体育总局 2006 年制定的《关于实施农民体育健身工程的意见》中提出的。农村体育事业要得到发展，就必须要广泛地开展农村体育活动，以使农民群众的健康水平得到提高，生活质量得到改善，精神生活更加充实。农村体育活动的开展有利于农村人际关系的和谐发展，这与社会主义新农村的建设目标是一致的。

开展社区体育的物质基础包括社区内的自然环境和体育设施，社区体育的目标是满足社区成员的体育需求，简单地说就是要增强社区成员的身体健康和心理

健康。社区体育的资源主要包括体育场地设施资源、体育人力资源、体育财力资源和体育信息资源。体育场地设施资源是构成社区体育健身娱乐服务的重要物资要素。体育场地设施的合理配置可以使资源得到充分合理的利用，促进社区体育活动的发展。

运用 GIS 技术对全民健身运动的效果加以研究，从中总结经验，寻找差异，可以为未来全民健身活动开展提供依据。

（一）GIS 在全民健身活动中的应用分析

1.GIS 实现全民健身工程的数据检索

管理部门以采集所处地域内全民健身工程设施所使用的建筑面积、该区域内人口、全民健身设施的数目、地方经济发展数据、全民健身设施服务范围内交通流量等数据，运用 GIS 技术，构建了全民健身工程分布图。并在此基础上对该地图中所包含的各项指标进行分析统计，将地图上显示出来的相关数据与国家统计部门公布的统计数据进行比对分析，找出其中存在差异的地方并予以纠正，以使其更符合实际情况。居民根据自己的需求，单击他们所关心的区域，就能获取全民健身工程相关数据信息。居民还可自行划定区域范围，查阅相关资料，快速获得自己需要的数据信息。

2.GIS 便于全民健身工程设施空间分布的资源配置

通过 GIS 对收集的全民健身设施所建区域的土地使用情况、交通流量大小、周边居民人数及全民健身设施的承载能力等综合数据进行分析，能够让管理部门准确获得城市人口分布和体育资源状况等相关信息。在统筹规划地区的全民健身工程时，根据人民群众的实际需要，再综合交通、设施配套等各种因素，对全民健身设施选址进行分析，保证体育资源进行最合理的配置，以使其发挥最大的效益。

（1）我国全民健身设施布局的现状分析

我国进一步的改革重点是实现政府合理转型，并且把公共服务作为改造的着力点，我国改革从此步入关键时期。随着经济全球化进程的加快和国内市场经济体制逐步建立，社会利益格局发生重大变化，居民生活水平不断提高，人们对服务需求日益增长，致使当前的公共服务供给还存在一些问题与不足。这就需要政府立足于"以人为本、统筹发展"的发展观立场，完善公共服务产品，拓展全民健身设施空间布局，推动公共社区服务发展，给老百姓提供高质量、尽善尽美的服务。

全民健身设施是社区公共服务的重要内容之一，属于城市精神文明建设中的一个组成部分。目前，随着国家对民生工作重视程度的提高以及人们生活水平的提升，大众对体育休闲娱乐需求日益增多，全民健身设施的建设成为当前城市建设中不可或缺的部分。在国家公共服务建设转型大环境下，改善全民健身设施的空间分布，作为公共服务建设中的重要组成部分，要与社会经济的发展相适应，要与城市公共服务建设步调一致。

（2）GIS 在体育领域中的应用

我国首先把 GIS 技术运用到体育领域，即定向运动的制图过程。此后，范冲等发表了《GIS 在定向运动中的应用》[①]，提出了集 GIS 空间分析能力和 CAD（Computer Aided Design）强大图形编辑功能于一体的成功实例，也就是中南大学测绘与国土信息工程系在 GIS 技术支持下，采用大比例尺地形数据进行分析，成功为中南大学校本部制做了 1∶10000 定向越野地图，并获得了成功。目前，我国经济建设高速发展，综合国力不断增强，在国际舞台上所占据的位置日益重要。我们要意识到，想要提高实力，就要加强国际交流和合作。随着我国综合国力的增强，我国具备了承办部分国际重大体育赛事的能力。在人们娱乐需求越来越高的今天，我国承办国际大型体育赛事的需求也日益增加。

3. 实现全民健身体育设施的网络化即时查询与检索

GIS 可以将有关数据上传到互联网，为人们通过互联网对周边的全民健身体育设施进行查询提供服务。人们可以查找自己喜欢的地点有什么体育设施以及这些体育设施的情况，还可以了解设施附近的交通情况。这项功能对市民和管理部门来说，是全民健身体育设施网络化的一个有力支持。

4.GIS 应用于全民健身工程的阶段性总结与评估

GIS 通过对区域的健身路径、篮球场等体育健身工程设施完成数量，经费投入状况，各级社会体育指导员培训人数，各社区、农村开展体育健身活动的情况进行收集、分析，然后使用图表更加立体地对这些数据和分析结果进行展示。直观地显示所在区域的体育健身工程建设覆盖率、经费来源及使用情况，各级社会

---

① 范冲，邹峥嵘.GIS 在定向运动中的应用 [J]. 测绘工程，2006（02）：70-72，76.

体育指导员的人数及分布区域，以及居民参加体育锻炼的具体需求和各级体育组织的完善程度，使决策者可以从中得到参考，以实施更加及时、准确的工作评价。

（二）GIS 在全民健身活动中应用的目的及意义

GIS 与公共体育领域的融合，在国内 GIS 技术的应用中尚属第一次尝试，更是 GIS 技术在使用方面的革新。它在很大程度上改变了传统的大众健身活动方式，使之更加便捷化、智能化。GIS 技术能够直观、形象地向人们展示地域人口的分布情况、健身设施的选址等，也可以对它们之间的关系进行分析，有助于把全民健身工程实施成效呈现出来，从而有利于相关部门对全民健身工作进行分阶段总结和评价。另外，利用 GIS 可发掘数据的内在价值和建立规划模型。通过对 GIS 所提供数据进行分析，可作出针对性强、前瞻性强的规划模型。

三、GIS 应用于全民健身活动的发展态势

（一）信息的全面化、准确性、及时性

在 GIS 应用技术与全民健身工程的融合创新发展中，只有把握信息获得的全面化、准确性，才能保证数据分析的正确性，并为体育产业生产体和广大居民提供正确的信息服务。同时，要根据全民健身工程的规划和建设，及时对数据进行更新，使人们获得实时的体育信息，便于全民健身活动的有效开展。

（二）更加趋向智能和便捷化

当前，体育健身 App 在数据获得、传送、查询等环节，综合使用起来还比较烦琐，距离使用者的要求还有一定差距。因此，它的未来发展应将人们推进人体数据化时代，使人们借助体育健身 App 可以更加便捷地了解自己、认识自己、完善自己。

（三）趋向生活必需化

随着科学技术的发展，体育健身 App 的功能会越来越全面，会融合更多的体育产品、服务内容和项目，使用体验也会逐渐改善，人们意识到使用它的好处之后，很容易就会形成使用的习惯，并使体育健身 App 成为生活中的一部分。

第四章

全民健身与智能体育融合的途径

本章主要论述全民健身与智能体育融合的途径，从互联网与全民健身的融合、智能体育与全民健身公益事业的融合两个方面展开研究。

第一节　互联网与全民健身的融合

一、互联网与全民健身融合的价值意义

（一）助力全民健身领域政府"放、管、服"

随着人民生活日益改善，人民群众的健身需求也在不断增长。为更好地满足人民群众健身和健康需求，在全民健身领域，必须不断将政府"放、管、服"改革推进下去，打破条块分割，充分整合政府、市场、社会等资源。

依托互联网平台，使全民健身的治理场域线上线下相连通，各主体间可随时随地通过手机、电脑、平板等终端设备进行多元协商、审批决策、信息发布等工作。以"商业性群众性体育赛事审批取消"来说，政府下放民间办赛的审批权，提高了市场举办体育比赛的热情，但是体育赛事能够顺利进行是多部门协作的结果，如安保、消防、医疗等部门都发挥着很大的作用。因此，办赛主体在寻求部门帮助配合时，需要面对诸多难题。此外，由于办赛主体增多、种类多元及分布广等因素，加大了政府部门下放权力后的监管难度。使用互联网平台，政府服务的质量和效率得到有效提升，办赛主体可进行线上赛事信息的报送，信息可以快速精准地流入对应监管部门，"同步"实现跨部门备案、验证和审批，政府部门引导和服务还可以通过线上平台直接到达办赛主体。

对于监督和管理方式，国家体育总局发布的《体育赛事活动管理办法》中给出了指示：要充分利用"互联网＋监管"，加速实现各相关部门、各层级和各领域监管信息共享和统一应用，从而实现综合监管、智慧监管、动态监管。随着"放、管、服"改革不断深入，体育行政部门加速职能转型，不仅给社会、市场更多参与治理空间，还对放权之后的服务能力和水平、社会监督和管理等方面有了新要求。运用互联网技术能够助力政府部门简政放权后，在操作层面上切实履行监督、管理以及服务职能。

（二）助力全民健身服务精准化供需匹配

互联网能够实现信息共享，使大众获得的服务更加符合他们的需求。互联网

时代来临前，大众健身信息获取渠道非常有限且获取效率很低。运用互联网技术，可以打造体育的一站式服务平台，将场馆信息、产品、服务等资源聚合在一起，方便健身群众选择满足自身需求的健身方式。人们仅需要一部手机就可以完成信息查找、预约、付款、评价等各项操作，节约了健身服务的获取时间，获取的健身信息也更具针对性。

依托互联网可以促进对大众健身需求的准确判断。一方面，利用大数据、云计算等互联网技术可以为全民健身服务主体决策和实施提供科学信息支持。例如，苏州市体育局在 2016 年借助"苏体通"大数据平台对老年健康诉求进行收集、分析，并且在编制下一轮的政府购买服务计划时根据数据结果作出相应调整，到 2017 年，参加体育培训和比赛等全民健身公共服务的老年人数较前一年有明显增多。另一方面，互联网技术能够改变传统"自上而下单向化"服务供给模式，规避主体需求的弊端，避免供需错配。例如，上海基于互联网开发的"社区体育配送"服务系统，通过线上整合的形式为社区群众提供各类健身服务的检索和选取，然后由市社区体育协会进行统一分配，把服务的选择权真正交给了市民，通过数字化的"你点我送"形式，实现了供给侧与需求侧的精准对接。依靠互联网技术，全民健身政务决策与服务供给可以精准掌握群众需求，整合体育资源，各部门更合理地分配和利用资源，使有限的资源得到更高效地利用，更好地满足人民群众多种多样的健身需求。

（三）助力全民健身领域智慧化发展

现今，人们的普遍认知是体育运动对身体健康有好处，但盲目的运动不仅会使健身效果大打折扣，还会给身体健康带来不好的影响。另外，随着城镇化进程不断加快，现代社区中的人际关系变得疏远，健身运动的部分功能受限，其"社交功能"被削弱。基于此，在全民健身领域中运用互联网技术，对推进其智慧化发展是有帮助的。除此之外，它还能使群众健身社会场域得到拓宽，让群众健身更安全有效。

随着互联网的发展及全民健身热潮的兴起，Keep、咕咚、悦动圈等健身运动类 App 应运而生。用户可凭自身需要及当前设施，通过 App 获取个性化的健身课程以及有针对性的运动指导，使科学健身指导水平得到再次提高。这些 App 也借助互联网健身平台，打破健身互动在空间上的壁垒，用户既能够在平台上交流分享自己健身过程中的心得体会，选择想要参加的运动类话题进行加入，也能够搜索到身边的健身同仁、找到健身组织。越来越多健身参与者利用微博、微信、QQ 等平台对自己的健身动态进行实时发布与共享，这已经成为他们的一种生活方式，通过点赞、留言等方式，可以进一步激发健身者的积极性，其个人的健身行为也在互联网的整合下，形成一个巨大的社会健身网络，从而在健身方面发挥出良好的示范带动作用，进而使更多的人参与进来。

现在，很多智能可穿戴设备已经支持 eSIM（嵌入式 SIM 卡，指将传统 SIM 卡直接嵌入设备芯片上，功能上与普通 SIM 卡无异，使设备能够独立进行连接网络、拨打电话、发短信等）功能，使其在不通过手机和 WIFI 网络的情况下，也可以上网并使用各类健身 App，在不同的健身环境中记录健身数据，并进行分析，从而得到适合的健身课程，甚至是健身专家的线上指导。基于此，由国家体育总局体育科学研究所和企业共同研发的 Go More AI 教练系统已经在一些智能穿戴产品中进行了应用，该系统可以根据用户的体重、心率和以前的运动记录等数据对用户的运动强度提出建议，并实时监控运动者的体力情况，以语音指导的方式，使其在运动过程中更有节奏，并在运动结束后为体力恢复提供参考方案。随着互联网技术的发展进步，智能穿戴设备已逐步变成大众智慧健身的优选终端，通过大数据、物联网、人工智能等新兴技术和健身专家可以突破以往的时间、空间、事物、人际间的壁垒藩篱，基于对用户生理指标、运动强度和运动轨迹等数据的监测，使锻炼者得到的健身指导更加"个体化"和"科学化"。

二、互联网与全民健身融合的难点

（一）融合普及度不高

随着当代科学技术的最新发展和应用，互联网技术取得了突破性进展，并对社会生活的各个领域产生了全方位的影响。当前，互联网全民健身的融合普及度较低，阻滞了互联网技术在全民健身中的充分应用。

1. 群众网络接入不充分，导致互联网全民健身的融合基础不牢

第 50 次《中国互联网络发展状况统计报告》统计数据显示，截至 2022 年 8 月，我国互联网普及率为 74.4%，非网民规模仍有 3.62 亿之多，且城、乡网络普

及率差别较大，分别为 82.9% 和 58.8%。互联网推动群众健身的一个重要意义在于将全民健身各类人力、物力、信息资源进行有效整合，并联通供给于健身群众。因此，互联网用户是互联网推动全民健身的实体单位与基本单元，接近 4 亿的非网民规模说明互联网全民健身的融合基础尚未筑牢。

2. 互联网全民健身的群众应用普遍不足

智能穿戴设备和运动 App 等已经成为互联网全民健身的重要工具与支撑，所具备的运动指导、运动社交、运动分析、生命体征检测、紧急呼叫、精准定位等功能，对保障各年龄段人群健身参与的有效性和安全性意义重大。根据 IDC（Internet Data Center）及观研天下信息咨询公司的分析数据显示，我国 2015—2019 年智能穿戴设备的总出货量为 2.9285 亿台，运动 App 的用户规模至 2019 年第四季度约为 1.65 亿。对我国 14 亿多的人口总量，以及超过 9 亿的网民数量而言，智能穿戴设备与运动 App 的普及率仍处于较低的水平。从经济门槛来看，许多智能穿戴设备已经进入百元价位，且许多健身 App 的服务都是免费供给的，因此，经济成本并非阻碍互联网全民健身应用普及的主要因素。

（二）平台建设不足

随着互联网时代的到来，许多地区加强全民健身信息化建设，"蒙享动""苏体通""运动嘉"等一批具有地方性全民健身信息服务平台相继上线，在整合全民健身资源、加强全民健身协同治理及对接群众健身需求等方面发挥了重要作用。总体来看，互联网全民健身的平台建设仍需进一步加强。

1. 全民健身信息服务平台的建设、利用仍需加强

当前，已经建有全民健身信息服务平台的地区仍然相对较少，且部分平台由于开发不够、维护不足，难以持续发挥应有的作用。究其原因，全民健身信息服务平台的构建需要专业的技术人才，且平台搭建、资源整合、宣传推广、维护运营等需要投入大量的时间、财力与物力，因此对于许多地区来说，平台的建设、运营成本过高。

2. 互联网政务平台助力全民健身的功能挖掘不足

许多地区对互联网平台的应用仍停留在发布体育政策文件、活动通知、招标通告等"纵向单一的低效运用"层面。互联网政务平台所能实现的意见搜集、问题反馈、执行监督等多元功能，仍未在全民健身实际工作中得到广泛有效地运用。因此，

提高政府部门互联网平台使用能力是实现互联网赋能全民健身治理的首要之务。

三、互联网与全民健身融合的策略

要想切实推进互联网助力全民健身的深入实施需要立足两点：一是围绕互联网助力全民健身的价值与意义，二是破解互联网助力全民健身的现存困境。这两者是过程和结果的关系，也就是说应该着重梳理并解决现阶段互联网助力全民健身过程中存在的现实问题，并制定详细、可实施的方案，从而达到互联网助力全民健身的目的。

（一）提升群众网络健身应用能力

1. 充分发挥互联网推动全民健身的实际价值

打通人民群众与其他主体的连接渠道，使更多群众接入网络，编织覆盖城乡、全域共享的互联网全民健身融合网络。要充分利用社区、乡村等基层治理单位在宣传方面的优势，并使用多种形式，如派发宣传材料、开展学习培训、举行公益讲座等，使大众认识网络、了解网络，进而会用网络。同时还需加快网络基础设施建设步伐，尤其是在广大农村及中西部地区，宽带网络要尽快覆盖，鼓励电信企业勇担社会责任，在宽带费用偏高的地区开展惠民活动，如宽带免费提速、降价，实现全民"会用网、有网用、用得起"，进而使我国互联网更普及，为互联网与全民健身的融合奠基。

2. 提高人民群众对互联网全民健身的认识水平

进一步提高人民群众对互联网全民健身的认知水平及实践能力，特别是中老年群体。基于互联网的普及，不断开发出更多智能化、人性化的产品和服务，以满足不同场景下不同人群的健身需求，使互联网全民健身更加舒适和便利，从而达到节约群众学习和使用时间的目的。编写"互联网＋健身指导指南"，将互联网全民健身的主要功能、常规操作及注意事项等内容融入其中，并依靠社会体育组织及社会体育指导员进行大力推广，积极普及。降低产品使用门槛，同时提高群众使用能力，使人民群众都能享受互联网与全民健身融合带来的福利。

（二）强化全民健身治理能力

在全民健身治理体系不断完善，治理能力不断提高的过程中，互联网平台作为现代化发展的重要引擎，其"引擎动能"还需不断被激发。

1. 激活互联网政务平台的全民健身治理功能

目前，各地区都已经建立政务网站，全国一体化政务平台的雏形已经形成。由于各区域发展不平衡，应该坚持"以人民为中心"，使平台的操作难度下降，让用户用起来更方便、快捷。首先，继续使用传统的网站发布功能以展示政策性文件、通知活动、招标公告等信息。其次，搭建政府与群众的沟通桥梁，通过增加查询、预约、申报、反馈、评价等功能，进行全民健身信息普及、意见搜集、执行监督等操作。最后，为确保能够充分发挥各地区平台治理功能，应结合不同全民健身政务项目的实际特点建立平台建设指导标准，建立规范的监督管理体系，以及群众评价反馈机制，确保平台平稳运行。

2. 提升全民健身信息服务能力

当前，由于我国地域广泛，所以各地区全民健身信息的开发能力参差不齐。对于大部分地区而言，搭建并运营一个服务全域的全民健身信息服务平台会消耗大量的人力和物力，所以，可以以国家体育总局主导搭建的全民健身信息服务平台为基础，增强各地全民健身信息服务水平。由此，在这个平台上，按行政区域划分，为各地的体育行政部门开通部分使用权限，建立从上到下的全民健身网络治理体系，搭建资源整合系统。同时，应鼓励省级或市级政府积极建设区域内的区域性全民健身信息服务平台。推进县级及以上行政区域、聚合区域内全民健身服务所有相关资源，建成包含场馆的检索与预约、活动赛事的报名、体育信息的发布、评价反馈等功能的一站式信息化服务平台，让各地人民群众能够通过这一平台得到便捷的健身服务指导。

3. 以大数据平台建设推动全民健身科学治理

基于互联网时代，大数据的收集和运用是提高全民健身治理能力与决策水平的重要依据。虽然有些地区，如四川、浙江、河北等地区域性的大数据平台已搭建完成，有些大型公司，如京东、阿里等也已建立起各自的大数据中心，但是由于处在不同地域、不同行业，以及不同层级，导致数据壁垒仍未被打破。依此情况应该由中央政府统筹，参考全民健身信息平台的搭建经验，协调建设跨地区、跨部门的大数据共享平台，对判断群众健身发展过程中的影响因子和走向给予数据支持，并致力于全民健身科学管理，及推动全民健身服务供应和群众健身需求的精准衔接。

（三）推动全民健身智慧赋能

在互联网时代下，以大数据、云计算及5G等为代表的现代信息技术得到了快速普及，社会的信息化程度越来越高，同时也提高了实现全民健身的概率。过去凭借资源投入的粗放型发展模式的体育健身已经不能满足人民群众的需求，因此应该充分利用互联网所引发的技术变革，以科技为主导，以创新为动力，发展转向集约型发展模式，以达到为全民健身智慧化赋能的目的。

1. 加强互联网全民健身领域关键应用技术和产品研究

基于互联网平台，打破跨领域科研合作在时间和空间上的局限，搭建聚合全球体育科研、医疗康复、信息技术及其他专业人才的招聘合作平台，并对复合型科研团队的建设进行大胆尝试。加强高校与地方政府、企业间联合共建，实现"政产学研"三方联动发展。加强体育科技主体的研究力量，加强高校与科研院所之间的联系，在高等院校及科研院所建立的全民健身重点实验室群的基础上，配以科学的人才培养机制、支撑机制，并制定合理的绩效考核标准。借助互联网平台在数据存储、分析及传输方面的优势，实施共同创新，共同使用科研数据、科教资源及实验资源等，使资源得到更为有效地利用。开展全民健身领域科技项目清单申报、科技成果入库等工作，鼓励各省、各区、各市体育行政主管部门积极参加科技助推全民健身工作。

2. 推动互联网全民健身领域科技成果快速转化

增加科研机构与体育企业之间的沟通互动，更新智能健身产品。构建以互联网平台为中心，AI技术、运动监测技术与健身医疗专家相结合，通过手机与智能穿戴设备访问的智慧化健身指导系统及运动风险预警系统，打造能够满足大众科学健身、慢性疾病预防与控制等需求的新型非医疗健康干预方式，赋能主动健康，增强科技服务能力。

（四）提升全民健身网络监管能力

网络传播具有虚拟性、动态性及跨区域性等特征，这些特征增加了网络监督管理难度，然而互联网并非法外之地，为使依靠互联网的全民健身更加健康、良性、可持续的发展，我们一定要坚定全民健身的法治理念，并加强法制建设。

1. 加强相关领域立法

当全民健身领域出现新情况、新问题或新矛盾时，如出现网络贸易、网络维权、网络资本运作、网络数据管理等情况，有关部门应该立即作出反应，快速跟进处理，明确现行法律缺失下的现实问题和问题所属领域，多个部门共同合作，加快相关法律的制定，使互联网助推全民健身的开展有法可循。

2. 加大法制普及力度

各级政府要改良法制宣传方法，以案促改，将违法违纪案例作为"警示钟"，让市场主体在制造健身用品和提供健身服务时保留"底线"，减少违法违纪等不良行为出现的次数。创新宣传方式，用群众能普遍接受的方式，将法律知识送到群众身边，让人民群众的法治素养在无形中得到提高，使群众能够自行辨别违法陷阱，同时在自身健身权益遭到侵害时，利用法律武器来保护自己的合法权益。

3. 强化政府执法能力

"法令行则国治，法令弛则国乱"[①]，作为执法主体的政府要紧跟时代潮流，提升自身的执法水平，凭借互联网政务平台，充分发挥人民群众的监督作用，增设用于全民健身领域违法举报的专项窗口，并完善相应问题处理机制。合理运用大数据、云计算、人工智能等现代信息技术，对网络数据、信息进行 24 小时监视，制定异常数据、信息鉴别标准和方法，增加对利用网络信息不对称误导健身群众，依托网络平台销售不符合质量标准的健身产品，利用"互联网＋健身"模式对非法集资等违法行为的鉴别、防治能力，增加对失范主体的处罚力度，提高违法成本。

四、典型案例分析

（一）"人人运动"

1. "人人运动"运行现状

"人人运动"是一个专为羽毛球爱好者提供羽毛球赛事服务的平台，搭载当前最前沿的赛事服务系统，助推羽毛球赛事系统向智能化迈进。"人人运动"羽毛球赛事服务系统由赛事信息系统、赛事直播系统、赛事编排系统和裁判 Pad 录

---

① 王符 . 潜夫论 [M]. 开封：河南大学出版社，2008.

分系统四个分系统组成，可以实现赛事信息发布、赛事直播、编排赛事和裁判分数实时录入等功能。

"人人运动"在赛事报名、审核、后期赛事编排等方面全面应用了智能解决方案。在比赛时，可以看到很多智能化的直观展示。如裁判员手动抄写比分单由平板电脑即时输入代替，现场比分被立刻更新在服务器上，运动员可以在现场和"人人运动"客户端自助查询当前赛况和积分等。智能化的改变不仅减少了裁判员的工作量，降低了裁判员的失误率，还为运动员节约了大量的候场时间。另外，通过"人人运动"客户端，观众和助威队可以进入直播频道观看比赛直播，增加了赛事活动的覆盖范围。"人人运动"客户端还具有搜索历史赛程赛况、查看地区排名和全国排名、记录赛事的功能，运动员可以根据搜索的结果了解自己是否进步和退步。除此之外，"人人运动"客户端的线上评价等互动功能，可以为交友提供帮助，也可以为激烈的比赛现场增添许多轻松和快乐。

"人人运动"提供信息实时共享、线上赛事报名、赛事编排及赛事直播等多种服务，拥有八万多名实名注册运动员，用户遍布全国 30 多个省、市、自治区，截至目前，已成功为全国 500 余场业余羽毛球赛事提供了服务。

2."人人运动"赛事服务的经验

在构建赛事服务平台上，"人人运动"有很多弥足珍贵的经验值得我们参考。在功能系统搭建之前，要对市场的需求进行调研，有的放矢，根据调研结果提出相应的智能化解决方案，之后利用技术手段实现。"人人运动"从赛事报名与审核，到赛事编排，再到后期的积分排名的自动生成，都是依托其四个分系统完成的，利用赛事信息系统的认证功能，实现赛前对运动员的实名认证，减轻了检录员的工作量；利用赛事编排系统实现赛程自动编排；通过裁判 Pad 录分系统，实现比赛时将比分实时更新在服务器上；赛事直播系统则可以对比赛进行直播，观众在线同步观看比赛。除此之外，"人人运动"还对外开放系统权限，并按年授权方式为会员提供赛事服务。

在建立赛事服务平台时，如果自身系统在赛事信息发布、赛事编排或赛事直播等方面存在空缺，可通过购买授权的方式填补，这样不仅能为广大运动爱好者提供更便捷的参赛体验，提升观赛和互动体验，还能资源互补，充分利用各自优势，打造更多更精彩的赛事，让更多的人参与进来，从而达到促进全民健身推广的效果。

（二）高校 AI 云动会

这几年，诸多高校选择将课程转移至线上，大学生平日里最爱的体育课也随之停摆，即使无法奔跑在体育场上，也要尽一切可能保持强健的体魄，拒绝做宿舍"肥宅"。在社交媒体上，不少大学生分享了自己如何利用有限的宿舍空间进行健身运动，如利用日常的重物做力量训练，利用宿舍的凳子做凳上卷腹等。

毫无疑问，学生的巧思妙想，让空间有限的高校宿舍成为新的运动天地。如何让线上锻炼效果"不打折"？如何让这样的运动也富有成就感？中国大学生体育协会联合阿里体育共同主办的"中国大学生健康校园大赛暨 AI 体能赛"（以下简称"AI 体能赛"）创造性地使用 AI 技术组织学生有目标、有计划地进行体育锻炼，全新思路就此打开。"AI 运动"的原理是通过手机检测视频中的人体轮廓并定位关键骨骼点，从而分析、检测动作完成度，帮助锻炼者在有限的室内场地中精准完成动作，并且让居家运动更专业、安全、高效。

当前，已经有超过 250 所高校平均每天 6 万人在线参与 AI 体能赛。大学生在线上课之余以这样的方式参与运动还能进行个人和学校之间的排名和角逐。河海大学、上海理工大学等十余所高校还设置了奖励体育学分、兑换阳光长跑等激励制度，根据各参赛院校的参与度和赛事完成情况，形成的"校园健康指数"，这成为评选大学生体育协会"健康校园"称号的重要依据。

与此同时，依托阿里体育 AI 运动技术，无法线下举办的校园运动会也能通过线上 AI 运动的方式举办，包括长春大学、厦门大学等高校在内的春季"云动会"，也在如火如荼进行中。根据规则，本次云动会奖项将与线下运动会一起记入学校奖励记录并颁发荣誉证书。这一次，大家在宿舍里也能通过云动会为自己和所在集体争夺荣誉。

随着一系列高校线上体能赛、云动会等活动的火热开展，高校学子间又要掀起一阵体能 PK 的运动热潮。

（三）中国移动掀起 5G"全民热练"

2022 年 6 月 10 日，中国移动正式在魔百和、咪咕视频、咪咕健身 TV 上线了 5G 全民健身——"全民热练"专区，依托其"内容＋科技＋融合创新"的优势，很好地抓住健身热潮，以更为有趣的专业互动来全方位推动全民运动。

1. 打造 5G 全民健身频道

中国移动以科技赋予健身全新体验。当下大众对于健身的习惯已经逐渐从室外转变为居家健身，"云健身"一词也成了主要的运动趋势，无论是爆红的本草纲目毽子操，还是其他健身话题，都展示出了大众对健身的热情。

一时的兴起总会在归于平静之后被淡忘，想要更好地助力全民健身热潮，必须将健身的热情转换为一种生活习惯。基于这样的洞察，中国移动将"云健身"作为重点关注对象，打造满足"居家运动场景诉求"的"5G 全民健身频道"，助力用户在任何时候，不受任何限制的健身。

2. 多资源整合，打造最强内容矩阵

相比其他平台，中国移动凭借着自身体育 IP 资源以及作为国家体育总局"全民健身线上运动会"的活动传播阵地的优势，在 5G 全民健身的打造上很快就开拓了丰富的健身资源，并获得体育总局授权的近 2000 个小时线上健身课程资源。

除此之外，中国移动在打造的"全民热练"专区中，提供了有氧、舞蹈等 15 个健身板块，累计超 3600 个小时的内容以及 5000 节"运动 + 饮食"课程。这些都是邀请了各种健身大咖，如与帕梅拉、郑多燕、周六野等，甚至是奥运健儿团队，如中国移动 5G 冰雪之队的谷爱凌、徐梦桃等奥运冠军联合打造的健身课堂，以此来满足用户各种健身需求。

除了在课程上满足各种需求之外，中国移动也不忘打造全时段的健身直播互动，以此满足不同年龄段的用户需求。如针对喜欢早上锻炼的人群推出的《太极拳》《八段锦》，打工人午间的《工间操》，还有晚上的亲子互动课程等。

以丰富的内容以及全时段的互动，让用户做到了随时随地轻松健身，从而更好助力全民健身事业常态化。

在前面内容的基础上，中国移动也没有放弃让这些运动大咖只停留在课程上的推出打造，而是将其聚合起来，打造了"全民熟练"专区，并让品牌的冰雪健身舞推广大使徐梦桃作为此次活动的领衔者，带领健身大咖们一同与用户来一场互动。

"冠军 + 红人"开展"专业性 + 趣味性"的健身直播方式，赋予了中国移动此次活动更多的专业性和可互动性。这种联动的方式，也将会是未来的健身趋势，让专业人士成为品牌的代言人，在带领用户一同健身的同时，也会不断带领全民运动起来。

3. 借助科技赋能，打造全新健身体验

作为国内领先 5G 科技创新的中国移动，也在此次活动中融入了许多科技的元素，凭借 5G+AI 的技术赋能，为大众带来更为智能化的互动体验。

采用元宇宙的科技赋能，用户不仅能够享受超高清的画质及 AI 互动体验，同时还有各种与明星和冠军的互动玩法，从而更好地进行沉浸式健身。

早在之前，中国移动就上线了数智人 Meet Gu 的全新跑步语音包以及圈套 AI 核心私房课程等，并且很快引起了用户的一致好评。所以，这次更是在此基础上推出新的体验，邀请了元宇宙数智人健身教练尤子希一同打造了燃脂搏击操课程，通过全方位的"数智人矩阵"，为用户的健身体验提供更多的可能性。

从某种程度看，中国移动通过技术的加持，让健身专区不再只是单调的课程学习，而是结合各种专业和有趣的沉浸式互动平台，并与品牌下的咪咕视频、中国移动魔百和咪咕健身 TV 的"大小屏联动"为用户破除障碍，助力全民健身。

在助力全面健身常态化的道路上，中国移动也一直保持着积极的响应。如在 2022 年 3 月份，中国移动就邀请谷爱凌参与品牌打造的"移起有为，智向未来"爱心慈善跑活动，这种公益＋健身的方式，也让每位参与者都能带着帮助先天性心脏病儿童重获"心生"的目的运动起来，也赋予健身新的价值和意义。这场活动最后共吸引了 200 万名跑友参与，并实现了 100 万公里的跑步里程。

除此之外，中国移动还针对不同圈层的人群组织了各式各样的活动。如面向企业的特殊群体，中国移动组织了"爱家亿起跑""奋斗路传承跑"等活动，让他们能够在工作的互动中实现健身。

还有面对一些群体，则采用更为有趣好玩儿的方式，如结合他们的兴趣打造的"滑板之王高度赛""动感地带 2021 中国街舞联赛校园赛"等活动，深入校园的中国移动带动他们感受健身和游戏的联动。甚至对于泛娱乐人群，中国移动还能在国家体育总局的指导下，推出了国内首档健身互动网综"好身材"系列，并邀请明星与群众进行互动，从而打造更加完整的健康生活符号。

从营销层面看，中国移动充分利用着自己服务的 9.7 亿客户以及有着 2.5 亿有线宽带客户的优势，承担起了助力全民健身常态化的责任，并融入了各种有趣好玩儿的方式，让健身不受限制随时随地都能动起来，真正成为用户们的日常。

第二节　智能体育与全民健身公益事业的融合

我国体育产业从公益事业向产业化发展的过程中，始终面临着一个问题，即公益占主导地位，还是商业占主导地位，这个问题也导致国家在体育公益事业上产生公益投资与商业投资之间的合作、冲突和矛盾如何处理的问题。体育产业中的公益投资与商业投资具有相互促进、相互补充的关系，政府与企业之间可以相互融资，或者通过政府采购服务的方式，保证两种投资关系的合理和效益最大化。

一、我国体育公益现状

（一）体育公益活动的组织现状

体育运动是一种全民参与的活动，受众群体特别多，体育公益活动作为满足民众体育需求的公益性活动自然备受关注，体育公益活动与体育公共服务有着密不可分的联系。体育公益活动的开展，能够对体育公共服务水平的提高产生积极影响，助推体育公共服务的软、硬件设施升级完善进程，使构建多元化、多样化的体育公共服务的目标得以实现。目前，我国体育公益活动的组织开展形式有很多，按照不同的主体对象类别，可以将我国体育公益活动的组织形式归纳为以下三种：官方性质公益组织开展的体育公益活动，半官方性质的公益组织开展的体育公益活动，民间性公益组织开展的体育公益活动。

1. 官方性公益组织开展的体育公益活动

我国公益性体育活动的实施大多由政府主导，各地体育部门如体育局、体育基金会等在体育公益活动的举办上发挥着带头和引领作用。以中国全国体育基金会为例，其划定的业务范围包括资助体育场地设施的建设和公关体育设备的购置，以及组织各类型公益性体育比赛或表演。另外，它还会为一些地方的体育发展提供帮助，如完善体育基础设施，普及体育文化，以及驻扎和训练青少年体育。除此之外，还有很多实际的案例，如由北京市体育局和体育总会主持开展的"2014北京体育公益活动社区行"，该活动鼓舞了群众的参与热情，最终有30余万人参加了此次体育公益活动，该活动对大众体育的推广起到了促进作用；由中国足协、萨马兰奇体育发展基金会在 2014 年一起成立的"中国足协中国之队—萨马兰奇足球时间"公益足球项目，使用免费为大众提供足球场地的方式，普及足球运动以及全民健身理念；由中国篮球协会在 2015 年开展的"CBA 与我共成长公益计划"，主要由 CBA（Chinese Basketball Association）篮球俱乐部进行体育公益活动的开展，通过让篮球运动员进入贫困学校开展体育公益活动的方式，推广篮球文化和篮球理念，助力青少年健康茁壮成长。

2. 半官方性公益组织开展的体育公益活动

半官方性质公益组织一般是指依靠有官方背景的机构而组织成立的公益组织。例如，在 1989 年成立的中国青少年发展基金从属于共青团中央，是一个面向全国、非营利性的社会组织，成立 34 年来，专注于青少年事业，辐射教育、科技、体育等多个领域。在体育领域，组织了各种类型的体育公益活动，如希望工程快乐足球，通过提升乡村小学体育基础设施的方式，让乡村儿童的足球梦有机会实现；自 2012 年起，组织发起"挑战 8 小时"公益徒步越野赛以募集善款，用于资助山区小学体育的发展。

3. 民间性公益组织开展的体育公益活动

目前，我国体育公益活动的组织和开展虽然大多是来自政府部门，但是随着最近几年人民群众公益意识不断增强，健身意识不断提高，民间非营利组织、社会企业及个人也都纷纷投身体育公益活动，这对由政府组织和开展的体育公益活动进行了补充，能够为体育公益活动在数量和形式上提供保障，通过举办多种多样的体育公益活动来满足大众的不同需求。

（1）民间非营利组织发起的体育公益活动

近几年，国内民间非营利组织的兴起和国外非营利组织的加入，使民间非营利组织初具规模，其业务范围也已涵盖了生活的各个方面。在体育领域，很多地区陆续建立了体育协会、体育俱乐部及体育社团等民间非营利组织，许多民众被吸引参与其中，这对推广大众体育起到了一定的帮助。2009 年设立的西安市户外运动协会，以筹办多种形式的体育活动方式，吸引人民群众参加。在除体育外的其他领域，许多公益组织同样也会开展各种各样的体育公益活动。如壹基金自2013 年以来每年都会在固定的时间，举行以"为爱同行"为主题的大型体育公益活动，为爱同行的理念是将体育与公益相融合，目的在于引导人民群众积极参加全民健身及公益募捐活动，该活动一经举办便引发了巨大的社会反响，仅 2014 年，参与人数就已破万，募集善款 300 余万元。

（2）企业发起的体育公益活动

随着公民意识的不断提高，热衷于公益事业的企业日益增加，履行社会责任成了企业维持长期可持续发展的关键措施，很多大型体育和非体育企业开始投身体育公益事业，举办各类体育公益活动。例如，赞助体育赛事、发起公益长跑活动、进行体育支教等；由腾讯网 12 个地方站与腾讯公益共同发起的"快乐运动场"项目，就是通过图文形式，将部分乡村在体育硬件及体育师资方面的欠缺之处直观地展现在网友面前，呼吁网友为家乡贫困学校的孩子捐赠"快乐运动包"，完善贫困学校的体育教学设施，并诚邀明星助力，让孩子的体育梦得以实现；吉利控股集团和 21 世纪经济报在 2014 年一起施行的"吉利 HOPE 乡村少年体育梦想计划"，通过向偏远山村小学捐赠体育器材，邀约体育明星及体育爱好者为山村小学提供体育支教服务，让更多的孩子体会到体育的魅力，向山村体育教育注入活力。

（3）社会各界名人以个人名义发起的体育公益活动

体育界、文娱界、商界等社会各界的知名人士也开始采取行动，他们凭借个人的知名度与影响力发起独具特色的体育公益活动。以中国篮协主席姚明为例，"姚基金"是姚明以个人名义于 2008 年发起的，致力于助学兴教，是促进青少年健康发展的公益组织，通过完善贫困山区小学的体育器材和安排大学生志愿者参与篮球支教，并定期举行公益赛事，如"篮球慈善晚宴"以募集善款等方式，助力农村希望小学体育发展。受国外运动员公益行为的浸染和运动员公益意识的不断增加，目前，我国已有不少运动员活跃在体育公益事业当中，他们通过自身的影响力和知名度，引领更多的人参与到各类体育公益活动中，为我国体育慈善公益事业作出了贡献。

（二）体育公益活动的管理现状

1. 体育公益活动管理方式

在政府高度关注下，人民群众的公益意识和健身意识越来越高，民间非营利组织异军突起，社会企业参与度越来越高，公益活动向着多样化、多元化方向发展, 体育公益活动也日益受到人们关注。体育公益活动能否顺利进行, 离不开专业队伍的管理。我国体育公益活动的管理方式多种多样, 根据管理主体与投资主体不同, 它们的管理方式大致可分为的几种类型, 如图 4-3-1 所示。

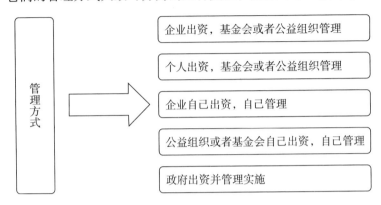

图 4-3-1 体育公益活动的管理方式关系图

大多数的体育公益活动是由政府发起并实施管理的, 这里的政府指的是包含体育局及有政府背景的体育基金会等在内的体育组织部门。体育公益活动的形式是多种多样的, 不仅包括普及体育文化、完善体育基础设施, 还包括开展全面健身运动等体育公益类活动。伴随着社会企业和民众的公益意识越来越强, 各社会企业更加注重企业社会责任。为了树立更好的品牌形象, 逐渐兴起了一种由爱心企业、基金会、社会团体组织以及个人共同发起的体育公益活动, 这类体育公益活动将管理权限交给专业的基金会或公益组织, 后续企业和个人可直接捐赠物资。随着体育公益活动日益增加, 既缓解了政府在一些领域体育公共服务供应短缺的问题, 又在推动群众体育发展和提高民众公益意识方面有很大的促进作用。随着国家和社会对体育越来越关注, 专门用于体育发展的体育基金会也陆续被创办, 许多非体育类基金会也相继开展体育公益类活动, 各大企业也加入到体育公益的行列中来, 他们增加了在公益领域的资金投入, 甚至组建了专门的社会责任部, 不定时组织各种各样的公益活动。

2. 体育公益活动管理现状分析

管理学包含两个重要因素: 管理主体和管理客体。管理主体, 就是谁来管理; 管理客体, 就是管理什么。结合我国公益活动当前的管理情况, 管理主体和管理客体数量多且关系复杂, 作者挑选了具有代表意义的管理主体和管理客体, 即体育基金会和大型体育公益活动，分别对其进行个案分析。下面，我们主要探讨一下我国体育基金会管理问题：

我国体育基金会对举办体育公益活动具有重要作用，体育基金会的崛起，为推动我国公益体育发展提供了助力，特别是在公益募捐、体育公益项目开展等方面具有广泛深远的意义。我国体育基金会既承担着体育公益资源统筹的工作，又要组织、举办、实施体育公益活动以及合理分配捐赠物资。随着我国经济水平的提高，体育公益事业得到快速的发展，体育基金会所发挥的作用也越来越大。当前，体育基金会是体育公益活动的经营者，组织以体育为载体的公益活动和为体育领域提供资金等，在一定程度上推动着体育事业的蓬勃发展。目前，我国体育基金会多为政府下设部门，一般体育基金会下设财务部、宣传部、保障部、运营部和基金管理部等多个部门，每个部门承担着不同职能。体育基金会的业务主管部门通常是政府部门，其承担着指导基金会开展公益活动，并对体育基金会组织的公益活动进行监管、年度审查等管理工作。

我国体育基金会正处于发展期，面临诸多问题：一是随着体育基金会组织的成长，以盈利为目的加入的公司日益增多，使进入体育基金会组织的门槛连年升高；二是在各体育基金会的组织内部，大多数体育基金组织设置的专职人员较少，人力上有所欠缺；三是关于经费问题，除几个名气很大的体育基金会外，其他体育基金组织资金来源的途径不多，均出现过资金短缺的现象。

二、智能体育助力全民健身公益事业融资发展

（一）商业投资对公益投资的促进作用

体育对于任何国家来说都具有社会公益和商业的双重属性。一方面，国家需要大力提倡民众从事体育锻炼和运动休闲娱乐等活动，以保持身心健康，这是培养健康国民的最积极的途径，为此，各国都在城市建设规划中将体育运动场馆、绿地等建设纳入政府必要的投资。同时，学校体育和群众体育也都是政府极其重视的国家公益。另一方面，体育又具有巨大的商业价值，由于有太多人喜欢甚至热爱体育运动，便使各种形式的体育产品有了广阔的市场空间，商家也就有了可观的利润可能性，进而促使资本向体育产业涌动。

在西方国家的体育产业公益投资中，除了政府的投资以外，还有很大一部分是来自社会公益组织和非营利机构的投资，后两者的投资可以从社会募捐和项目经营中获得有限的收益。有学者针对我国全民健身公益事业也提出了相似的观点，认为全民健身对于政府来说是一项重要的公益事业，政府投入全民健身工程建设应以社会效益为关注点。全民健身又是一个拥有庞大市场的商机，企业参与全民健身服务体系建设，应在公益法规之下获取有限的公益利益。之所以称"公益投资"，是因为项目本身具有较大的公益性质，或者项目占用了公共资源，这些公共资源是不能被商业实体所占用的，如在城市公共绿地、学校体育场馆、国家公园、自然保护区等进行的体育培训、比赛或者大众健身活动，组织者不能是商业机构，而应当由政府机构或者民间非营利机构来承担和运作，其间对受众的收费用于组织成本、聘请教师和教练费用等，剩余部分应上交国家。在体育产业发展中，这部分公益投资是必不可少的，除了对满足大众的体育需求和培养人们的健康生活方式意义重大之外，对体育产业来说则为产业发展培育了广阔的市场空间，并且弥补了商业投资不能或者不屑于涉及的投资空缺，使体育产业结构趋向完整。从这个角度讲，体育产业中的商业投资对公益投资具有天然的依赖性。

体育产业中的商业投资不仅能促进公益投资在体育产业相关领域的增长，还可以引导公益投资在基础设施、教育等方面的投资，促使社会公益设施趋于完善。例如，在美国佛罗里达州有一个天然条件极好的深水湖，它与一条河流相连，有商家在这里建立了一个最接近天然的水上运动基地，人们可以在这里跳水、潜水、划船等，来的人多了，通往这个基地的道路就显得窄小破旧了，于是当地政府出资进行道路改建，不仅方便了水上运动基地的通勤，也使得沿线村镇居民受益。虽然政府投资的是最普通的基础设施，但这个投资因为有了水上运动基地使得目的性和必要性都很明确。

2018 年竣工的由加拿大政府投资兴建的全世界最长的徒步步道（The great trail），横贯加拿大的东、西海岸，全长 24000 千米，是加拿大政府预算中最大的一笔体育运动公益投资。这条步道给沿途的城市和乡村的体育产业带来了无限的商机，促进了商业资本在户外运动用品、户外运动教育与培训、休闲运动旅馆与度假屋等行业的井喷式发展。它也必将吸引全世界的户外运动爱好者来加拿大体验并旅游，因而对加拿大的旅游业也是一个重大利好。在步道徒步、露营、沿途遇河漂流都是免费的，之所以称为政府公益投资，是因为投资步道并不能从中获得利润和收益。相关商业投资的涌入，使政府从商家的税收中获得利益，这正是政府公益投资的妙处所在。如此看来，对政府来讲，体育公益投资不仅提升了民众的健康水平和生活幸福感，从而收获社会效益，还获得间接的经济效益。在这条横贯加拿大的步道沿途有许多配套建设项目，如房车寄养站、野营营地等，其中只要占地属于政府的公共土地，项目建设基本由休闲运动非营利组织投资兴建，如果占地是私人土地，那么项目建设可以是纯商业投资。非营利组织兴建此类项目可获得有限的收益。

（二）公益投资与商业投资相互融资的方式

这里引用目前国际上使用较多的一种项目融资方式——TOT（Transfer Operate Transfer）融资模式，所谓 TOT，即将政府部门或国有企业将已经建成的项目的产权或经营权，有偿移交给投资者经营管理，投资者在协定时间内通过项目运营收回本金，并且获得合理的回报，然后再将项目的产权和经营权转还给政府部门或者原企业的一种模式。

我国运动休闲产业还处于起步阶段，该产业分支发展的一大难题就是建设休闲体育运动基地。有很多运动休闲基础设施建于山水之间，即广大农村地区，在为其修建运动休闲基地时，可以充分利用国家政策红利，使运动休闲基地建造达到商业投资无法触及之处，为广大农村地区增加项目选择的同时，也为运动休闲产业增加了与政府公益投资合作的投资方向。

近几年，基于供给侧结构性改革，我国很多地方都在积极尝试一种新型公私合营融资模式，TOT 的融资案例就包含在内，只需稍作修改就可以将其应用于产业投资。具体操作方法是政府以土地使用权出资，与企业合作一个项目，待项目稳定运行之后，再让政府将项目所有权转给企业，或企业将自身股权转给政府。在生态农业领域已经做了这方面的尝试，并且取得了不错的效果，如东北地区生态林建设项目等。从本质上讲，这是政府公益投资与商业投资合作项目的一种运作模式，商业投资是项目运营成败的关键，政府仅提供了政策和资金，反过来，商业投资者的管理水平直接影响政府扶持效果。这种新型合作模式提高了商业投资的信心和热情。

（三）政府向企业购买体育服务的方式

政府向企业购买社会服务是政府利用公益投资吸引商业投资的举措，就像国家筹办奥运会时曾成批向企业和社会采购服务。整体的操作方法是企业承揽政府工程，或者是政府向专业的咨询公司请教、请资深营销团队筹办活动等。现阶段，我国政府已经把这种投资行为当成转变政府职能的一种试验方法，有些人专门对政府购买青少年公共体育服务的行为做了深入分析，发现其目的是转变政府职能，就是将政府和社会力量相结合，减少政府资金投入，同时提升社会服务的效率，进一步提高青少年体质，使其健康成长。

政府向社会购买服务是政府公益投资的另一种方法，它不同于政府采购。政府采购服务在公共事业管理领域是这样被定义的：政府购买服务是指各级国家机关将属于自身职责范围且适合通过市场化方式提供的服务事项，按照政府采购方式和程序，交由符合条件的服务供应商承担，并根据服务数量和质量等因素向其支付费用的行为。将来，我国体育改革的发展进程会不断加快，政府公益投资与商业投资之间的合作会越来越频繁，采用政府采购体育服务产品的合作方法必定会成为一种趋势。尽管这种公益投资是无形的，其与新建体育场馆、绿地公园可以看到实体的不同，但它在解决民众实际问题，推动体育商业投资、缔造可持续盈利的良性循环方面扮演者重要角色。

为促进国民健康发展，国务院于 2019 年提出了"体医融合"的概念，通过何种方法实现体医融合是当前面临的新问题，需要专家、学者积极探索，要想将"体""医"融合，需要为其搭建桥梁，这需要资金支撑，因此融资是解决这个问题的关键。公益投资和商业投资的合作为解决资金问题提供了新的思路，可以由政府公益和商业资本共建该桥梁，也可以由政府把用于公共医疗资源配置的资金向运动康复领域倾斜，同时鼓励民间资本加入，这样不仅能为体医融合提供资金支持，还能促进在体医融合领域的商业投资。

三、典型案例分析

（一）蚂蚁森林

蚂蚁森林是一项公益性质的应用，由支付宝 App 于 2016 年 8 月正式推出。

用户可以在蚂蚁森林上获取一颗虚拟树，通过走路、电子支付、网络购票等低碳行为获取绿色能量，当收集的绿色能量到达足够数量时，就可以在平台兑换一棵真实的树，兑换完成后，阿拉善基金就会在指定地区以该用户的名义种植一棵树。此公益行为为蚂蚁森林带来了上亿用户，特别是把运动和公益相结合的行走捐，不仅能健体强身，还可以推动公益性事业的发展，提高了人们的运动积极性。在中国现代化进程中，中国政府和民众越来越重视健康问题，为此国务院先后印发了《全民健身计划（2011—2015）》《全民健身计划（2016—2020）》，以提升中国人民的身体素质、健康水平和生活质量。然而，就现在的情况而言，在全民健身开展过程中还有诸多障碍亟待扫除。

1. 蚂蚁森林的结构与特性

（1）蚂蚁森林依托了强大的平台

蚂蚁森林基于国内最大的第三方支付平台——支付宝，该平台在我国非常有影响力，促进了蚂蚁森林的成功。2016 年 8 月，蚂蚁金服在旗下支付宝平台上线了个人碳账户"蚂蚁森林"，经过半年时间，就有超过 6000 万人参与，经过一年时间用户更是突破 2.3 亿，树木累计种植超 900 万，后来在春节红包活动的助推下，用户数量迅速增加了 2 亿且目前仍在增长[①]。正是因为有强大的平台做支撑，不到一年，蚂蚁森林的用户量就得到了迅速增加。

（2）蚂蚁森林的碳账户

个人碳账户"蚂蚁森林"是目前全球最大的个人碳账户平台，是由蚂蚁金服打造的一项应用，其经营理念是绿色金融，旨在用户低碳环保行为的培养和鼓励。它为每位用户建立个人碳账户，通过蚂蚁金服与北京环境交易所合作研发的算法，将用户的线上支付、步行等低碳行为量化成为"绿色能量"。以后，它还将持续与企业合作以指引更多的企业和消费者加入低碳行动。碳账户对用户每天的低碳行为进行统计，并转换成数据直观地展现在用户面前，既可以刺激用户产生更多的低碳行为，又能规范用户的日常生活行为，使人们通过科学的方法为环保事业贡献自己的力量。

---

① 胡霜.线上公益对青年行为方式与价值观的影响——以蚂蚁森林为例 [J].科教导刊（下旬），2018（15）：148-149.

（3）蚂蚁森林公益性的品牌形象

蚂蚁森林作为一个环保类的公益性应用，除了将用户每天的低碳行为转换为能量进行收集并兑换种植真树外，还开展了行走捐活动，用户只需当天步数累计达 5000 步，就能够捐赠自己的步数，为需要帮助的人贡献自己的力量。蚂蚁森林公益性行为备受关注，深受好评，联合国开发计划署在其发布的《中国碳市场研究报告 2017》中称，蚂蚁森林在全球碳市场具有独一无二的实践意义。

（4）"偷菜"功能的复制

蚂蚁森林在为用户开通碳账户后，还设置了排行榜功能。它基于支付宝通讯录，将每个用户的数量进行排名。蚂蚁森林排行榜巧妙利用人们的攀比心理，用户会不自觉地对所种树木的数量进行比较，进而达到提升用户投身低碳行动的积极性的效果。除此之外，蚂蚁森林还克隆了当年在社交平台爆火的"偷菜"功能，好友之间可以互相"偷能量"，这不仅增加了好友互动，还在无形中对蚂蚁森林进行了推广。还有每天早上 6：00—8：00 是蚂蚁森林能量的成熟时间，这有利于培养用户特别是高校大学生养成良好的作息习惯。

2. 蚂蚁森林应用对全民健身推广的启示

（1）全民健身理念应借助强大平台的推广

最近几年，虽然国家大力提倡群众参加运动，但是受到很多客观因素，如时间不够、经济条件不允许等影响，很多人没有办法真正参与运动中去。为了提高人们运动的积极性，如悦动圈、乐动力、全城热跑等运动 App 逐渐走进人们的生活。这些 App 能够对用户的运动情况进行记录，但由于其推广程度不高，收益人群还有待提升。蚂蚁森林依托支付宝平台成功推广"绿色环保"理念的案例为全民健身提供了参考。基于全民健身大环境，运动 App 可以增加和微信、QQ 等社交软件的合作，依靠其进行 App 推广，从而达到普及全民健身的效果。据统计，截至 2019 年，中国网民的覆盖率达到了 95%，微信的月活跃用户是 8.89 亿，QQ 的月活跃用户是 8.68 亿，腾讯的总用户保守估计在 10 亿左右①。基于此，社交平台对传扬全民健身理念至关重要。另外，还应在原有基础上创建新的运动项目，用以提高人们的生活水平。

---

① 张开禧. 从蚂蚁森林来看全民健身的推广 [J]. 体育科技文献通报，2019，27（01）：127–128.

（2）建立全民健身的个人运动账户

随着全民健身的发展，民众参与度不断增加，我国社会指导员目前无法全面覆盖，这就需要寻找新的方法为群众健身提供科学指导。因此，应为用户创建个人运动账户，对每天的运动情况进行记录，并以数据的形式展现出来；设立专项部门，将用户每天的运动时间、运动强度和运动项目等，根据专门制定的运动计算公式，将用户每天的运动量换算成消耗的卡路里统计在运动账户中。用户账户下累积的卡路里作为建设能源进行展现，用户可以使用这些能源进行公益活动，或购买"运动处方"。用户还可以登录个人运动账户，实时了解自己的运动情况。除此之外，还可以发动运动 App 根据用户的基本情况为其制订运动处方，使用户进行科学训练。

（3）加强全民健身与公益性活动的深入结合

目前，我国用于完善公共体育设施的资金主要来源于政府，获取资金的途径主要是政府拨款和体育福利彩票，资金短缺的情况时有发生，因此，进一步拓展资金来源渠道可以在一定程度上破解国家财政困境。在为用户建立个人运动账户后，通过拉赞助的方式，让热心公益事业的企业参与其中，并用实物交换的方式把用户的建设能源兑换成实物，再以用户的名义进行体育设施的维护和体育场馆的筹建等体育公益活动，这不仅能提升用户的运动热情，还能完善基础设施系统，同时为企业树立了良好形象。除此之外，通过这种方式还可以让人们感受到体育设施维护的不易，从而促使人们在运动过程中更规范地使用健身器材。

（4）加强全民健身的交流

基于全民健身，为用户建立个人运动账户，通过微信、QQ 等社交软件，增加好友之间关于健身的互动，好友之间可以互约健身，使健身变得更加科学规范。用户之间还能够通过对方的运动账户，掌握对方的运动情况，并进行实时交流，取长补短，共同进步。另外，还可以使用户的"攀比心"发挥效用，线上"偷菜"功能，通过好友之间相互"偷能源"增加用户互动，以此促进用户更加积极地去健身。除此之外，还可以通过设置系统发放能源的时间，使用户养成良好的作息习惯。

（二）李宁体育园

1.实施背景

李宁体育园是奥运冠军李宁创建并运营，以政府为主体投资建设的大众体育健身场馆项目。李宁体育园以"倡导快乐运动，健康生活"为理念，以"打造全民健康乐园，都市活力中心"为宗旨，以"公益服务都市大众，惠及大众健康生活"为基础，积极探索能够使全民健身体育事业和体育产业融合的新模式、新方法，使全民健身得以普及，人民体质得以改善，同时加快推进体育产业发展，拉动体育消费，力求全面满足人民群众多样化的体育需求，并实现社会效益和经济效益双丰收。

为了使城市居民日益增长的健身需求得到满足，解决供需不平衡的问题，李宁体育园在 2008 年开始与政府合作，共同探索体育公园的设计、开发、建设与运营新模式，以期能够使城市市社区、家庭还有个人都有条件参与全民健身。

2. 发展阶段

李宁体育园的发展经历分为如下几个阶段：

第一阶段：全民健身体育园模式的探索阶段。2008 年，李宁根据在开展体育社会化探索的实践和积累，与广西壮族自治区南宁市政府共同研究体育公园的设计方案，以期能将全民健身真正普及到城市社区、家庭及个人。2009 年，李宁委托澳大利亚专业设计公司，以都市大众体育运动的实际需求为出发点，借鉴国际体育服务产业发展的先进理念，完成南宁李宁体育园的规划设计。

第二阶段：全民健身体育园的建设与运营实践。2010 年，在广西壮族自治区、南宁市政府各部门及领导的大力支持下，全国首个公益性体育园在南宁建成并投入运营。2011 年，南宁市李宁体育园以免费结合低价公益运行的模式，年接待市民超过 150 万人次，公益运行惠及大众体育运动超过 100 万人次，受到都市大众的广泛好评。

第三阶段：全民健身类体育场馆向体育服务产业综合体转型的探索与实践。通过不断探索，李宁体育园形成了免费或低收费、提供高品质服务的运营模式，有效造福了都市大众的体育健身。与此同时，李宁体育园致力体育服务综合产业的发展，在体育消费方面取得新突破。李宁体育园由单一体育场馆的经营和管理，逐步发展成以体育运动服务，即体育场馆公益运营为前提，集体育赛事、体育培训、体育文化、体育旅游以及体育健康产业为一体，具有体育商业配套的城市体育服务综合体。南宁李宁体育园通过免费或低收费的方式，向大众开放和提供体育配套服务，使大众运动健康受益，目前收入已过亿元。

第四阶段：全民健身体育产业在全国范围内的发展与探索。国务院在 2014 年印发了《关于加快发展体育产业促进体育消费的若干意见》（以下简称《意见》），将全民健身提升到国家战略高度，将增强人民体质、提高健康水平作为根本目标，把体育产业当成绿色产业、朝阳产业予以大力支持。基于此，体育园的发展模式不断得到丰富和提高。除 2010 年以公益捐赠模式建成广西南宁市李宁体育园外，2012 年以 BOT 模式建成河南南阳市李宁体育园，2015 年以政府建设委托运营模式建成江苏扬州李宁体育园，目前，柳州、贵阳、上海、海口的体育公园也在规划中。

第五阶段：全民健身体育产业联盟发展规划。在我国"十三五"规划实施的过程中，以《意见》为指引，李宁体育园建成并运营的全民健身体育园达 30 个，全民健身中心达 20 个，签署了 10 余个品牌输出及体育场馆的委托管理，加入全民健身体育产业联盟的单位数量破百。通过开展一系列惠民工程和专项工作，取得了明显成效。免费或低收费公益运营，年受益全民健身群众有 2 亿人以上。为 2 万余人安排就业，安置了 2000 多名退役运动员，使他们实现了再就业。在全民健身造福大众的同时，推动全民健身体育产业的延伸与发展。

3. 全民健身事业与体育产业运营开展的具体措施

（1）体育运动服务（场馆建设与公益运营）

①协同地方政府规划、设计、建设、运营全民健身体育设施。

场馆设计：以都市大众运动健身需求为核心导向，结合当地群众运动喜好规划设计运动场馆，配比场地数量真正惠及群众健身。

场馆建设：建筑物建设力求贴近自然、简单、便捷、不浪费。体育运动场地设施力求高标准并符合国际标准。

场馆运营：按时段免费或低收费运营，低收费根据当地收入水平，采用都市大众普遍能够承担的收费标准，切实惠及大部分群众的运动健身需求。

运动服务：采用零会费的运动健康会员制服务。大众在体育园用个人身份证就能够免费申请开通运动健康账户。园区工作人员还可以根据大众的运动喜好及时间，做培训指导、体质监测等免费的健康跟踪服务。

②建立全国体育服务产业联盟。

通过品牌输出和管理输出，委托管理政府、学校、企事业单位体育中心及体育场馆设施，实现规模化、专业化运营，形成大众运动健身便捷的体育服务产业联盟。

（2）体育培训服务

①建立体育运动培训中心，搭建青少年体育培养交流平台。

体育运动公益课堂：每星期为中小学生安排体育培训相关的免费公益课堂，学生在课堂上可以与文体明星互动，激发学生体育兴趣的同时开展励志教育，深受家长及青少年欢迎。

中小学校外体育课堂：积极配合体育设施师资不足的学校开展中小学生校外体育课，委派专业教练支援西藏体育教育。

体育运动普及班：根据当地群众的运动喜好，开设游泳、羽毛球、乒乓球、篮球、足球等运动项目普及班。普及班采用低收费或者免费模式。

体育运动提高班：提高班聘用退役运动员执教。提高班为爱好体育运动的青少年及大众提供了一个便捷的交流、提高场地，同时为退役运动员再就业提供了良好的平台。

②建立体育运动俱乐部，为退役运动员就业搭建新的平台。

当体育运动的普及培训发展到一定水平以后，可以建立各单项体育运动俱乐部，同时让世界冠军、著名教练及退役运动员担任教练，为开展大众体育、培养运动员搭建了一个全新平台。现阶段，不少俱乐部聘请乒乓球世界冠军谢超杰、前新加坡国家篮球队主教练廖建湘著名运动员、教练员担任教练，这些俱乐部在为大众体育发展搭建平台的同时为退役运动员再就业提供了良好的平台。

③探索专项运动学校的建设发展。

以李宁佛山体操学校多年开办教学为基础，积极探索体育服务产业更进一步的发展。

（3）体育赛事组织

①国际赛事。助力广西南宁申办举办 2014 第四十五届世界体操锦标赛，协助李宁公司承办世界羽毛球大赛汤姆斯杯和尤伯杯决赛。

②品牌赛事。举办的羽毛球挑战赛、李宁杯乒乓球俱乐部赛、南国周末运动会等各种比赛已颇有影响力。

③大众赛事。李宁体育园承接团体业务，为企业定制专业运动会，实施举

办单项赛事。南宁已经基本形成了周周有赛事、月月有活动、季季有大型文体活动的文化体育交流中心。每年由李宁运动员承接并服务的企事业单位运动会、单项体育比赛、文体活动有 70 余次。举办体育赛事不仅繁荣了大众文体生活，也为普及全民健身、改善人民体质、塑造城市品牌及传播城市文化等起到了很好的作用。

（4）体育文化的传播

①体育传媒。和广西收视率第一的电视台联合制作的《非凡体育》电视杂志节目已经播出 52 期。电视节目在宣传引导全民健身的同时传播优秀体育文化，为体育传媒产业的发展打下了良好的基础。

②体育表演。南宁李宁体育园每年组织运动嘉年华、民俗文化体育节等城市大众文体表演活动 10 余次，不仅丰富了群众文体生活，还推进全民健身事业的推广。

③体育交流。组织美国 NBA（National Basketball Association）篮球巨星奥尼尔（Oneale）、菲尔普斯（Phelps）教练广西行，协同自治区体育局开展台湾花莲—广西南宁气排球比赛。

（5）体育旅游

①开展体育培训交流营。南宁李宁体育园主动开发体育旅游项目，协助广西壮族自治区旅游局建设"环南宁运动休闲圈"项目，创建体育旅游联盟。与澳大利亚、中国香港及东南亚国家和地区开展体育休闲及培训交流旅游项目，提高体育产业延伸收入。

②开展体育运动夏令营。以体育运动兴趣爱好的培养为主题，每个假期开展内容多样、冠军互动体验的体育运动夏令营，让青少年在学习体育基础知识的同时增强体质，养成勇于拼搏、团结进取的运动精神。

③开展体育拓展训练营。在运动拓展的基础上，增加与冠军运动员的互动交流，既增强了青少年体质，又进行了励志教育和体育运动爱好的培养。

（6）体育健康

①全民体质监测中心。协助体育局创建全民体质监测中心，为企事业单位及市民进行免费的体质监测和科学的健身指导，并提供免费的运动"处方"。

②健康加油站。协助社区组建健康加油站，为市民了解自身健康状况提供便

利，帮助政府监测全民体质。

③运动康复理疗中心。以为市民提供更好的健身康复场所为目标，积极尝试集运动员康复理疗与市民运动康复于一体的新型运动康复理疗中心建设。

④成效与反响。通过研究和实际运行，李宁体育园在全民健身体育产业中的格局已经打开，产业模式雏形已基本形成，即基于体育运动服务（体育场馆公益运营），以体育培训、体育赛事、体育文化、体育旅游、体育健康产业为纽带，依托体育配套商业服务，打造全民健身型城市体育产业综合体。建设体育公园，不仅满足了市民日益增长的运动健身需求，使公共体育场地设施供应与市民需求相平衡，还融合了体育培训、体育旅游、体育康复、体育文化等内容，使促进体育消费的体育产业发展模式得到各地政府的肯定。

第五章 新时代河南全民健身智能化创新发展——

本章主要就新时代河南全民健身智能化创新发展问题展开研究，从四个方面入手，分别是新时代全民健身与体育河南建设政策及背景、河南省全民健身政策分析、河南省全民健身的问题与对策、新时代智能体育背景下的河南全民健身创新发展研究。

第一节　新时代全民健身与体育河南建设政策及背景

一、河南省全民健身相关政策及背景

（一）《河南省全民健身实施计划（2011—2015年）》

伴随着全民健身计划的启动，全民健身事业在全国如火如荼地开展起来，河南省对于全民健身事业给予了高度的重视。为了进一步落实全民健身计划，提升全民的身体素质，河南省人民政府深刻领会《国务院关于印发全民健身计划（2011—2015年）的通知》（国发〔2011〕5号）的重要思想，结合本省实际，制定了《河南省全民健身实施计划（2011—2015年）》，该计划提出要大力发展城市社区体育，力争实现"五个一"，即有关部门要大力支持社区体育，加大体育设施投入，争取在每一个街道设置至少一个公共体育健身设施；鼓励体育爱好者加入社区体育建设中，争取在每一个街道建设一个体育健身指导站；大力发展体育俱乐部，每一个街道建设一个社区体育俱乐部；加强体育师资队伍建设，每一个街道组织一支社会体育指导队伍；积极发展特色体育项目，每一个街道开展一项特色体育健身项目。[1] 同时，河南省人民政府对农村体育事业也给予了高度关注，倡导加快发展农村体育，支持体育部门和企业开展"体育下乡活动"，鼓励农民参与体育活动，办好基层农民运动会。

（二）《河南省全民健身实施计划（2016—2020年）》

随着社会经济的发展，国家深刻意识到全民健康在国际竞争中的重要作用，提出了在全国范围内开展全民健身计划的国家战略。河南省人民政府以国务院颁布的《国务院关于印发全民健身计划（2016—2020年）的通知》（国发〔2016〕37号）为指导思想，结合全省人民日益增长的健身需求，制定了《河南省全民健身实施计划（2016—2020年）》。该计划指出人民群众的健康水平是经济社会发展的重要标志，为了进一步增强人民体质，提高人民群众的生活质量，河南省倡导

---

[1] 河南省人民政府关于印发河南省全民健身实施计划（2011-2015年）的通知 [J]. 河南省人民政府公报，2011（22）：6-12

大力发展全民健身事业，五年内将着力实施体育惠民工程，统筹建设全民健身公共服务体系，完善硬件配套设施，提升人均体育可使用土地面积，打造立体化全民健身产业链，重视体育产业的结构性改革，打造体育强省。①

（三）《关于促进全民健身和体育消费推动体育产业高质量发展的实施意见》

体育产业作为现代服务业的重要组成部分，在国民经济中发挥着重要的作用。为了进一步落实全民健身战略，推动体育产业的发展，我国颁布了《国务院办公厅关于促进全民健身和体育消费推动体育产业高质量发展的意见》（国办发〔2019〕43号），倡导弘扬体育文化，大力培育体育产业，激发市场活力，提升体育产业的发展水平。河南省人民政府深刻意识到体育产业对区域经济发展的重要意义，因此认真贯彻落实党中央的决策部署，印发了《关于促进全民健身和体育消费推动体育产业高质量发展的实施意见》。该文件明确指出，体育产业是实现河南省经济转型的重要助推力量，体育产业发展水平与区域经济的发展息息相关，为了进一步激发全民建设热情，提出了发展体育事业的16条举措②。

二、体育河南建设相关政策及背景

（一）《关于加快建设体育强省的实施意见》

改革开放以来，受宏观政策的影响，我国的体育事业出现了前所未有的繁荣景象。河南省人民政府提出了建设体育强省的发展战略，并于2021年12月9日发布《关于加快建设体育强省的实施意见》，绘制了河南省体育事业未来的发展蓝图。

河南省人民政府抓住全民健身的机遇，把握体育强国的深刻内涵，大力发展体育事业，延伸产业链条，不断提升体育公共服务水平，完善基础设施建设，加强竞技体育后备力量储备，培养出很多的体育健将，体育产业的总体规模不断扩大，体育事业取得了长足发展。河南省人民政府深刻领会现代化体育强省建设的

---

① 河南省人民政府关于印发河南省全民健身实施计划（2016-2020年）的通知 [J]. 河南省人民政府公报，2017（03）：3-7.
② 河南省人民政府办公厅关于促进全民健康和体育消费推动体育产业高质量发展的实施意见 [J] 河南省人民政府公报，2021（04）：18-21.

时代使命,《关于加快建设体育强省的实施意见》提出了针对性的对策和举措,以办好人民满意的体育为宗旨,强化顶层设计,深化体育改革创新,不断完善全民健身公共服务体系,充分发挥体育产业的引导作用,实施体育惠民工程,完善赛事活动体系,大力培育产业品牌,开展丰富多彩的体育赛事活动,加快建设体育文化旅游产业,强化青少年竞赛管理,动员更多群众参与体育事业,推动体育企业创新发展,大力培育创新型体育企业,促进体育消费,加强体育文化建设,打造体育文化精品,扩大河南体育文化的影响力,加强体育赛事活动供给,加快省内体育一体化建设,主动对标体育先进省市,借鉴优秀经验,加大体育宣传力度,扩大体育产业发展规模,深化产业要素资源配置,推动体育事业高质量发展。[①]

(二)《加快建设体育河南实施方案》

2022年6月28日,为贯彻落实河南省第十一次党代会精神,高标准推进体育河南建设,河南省政府印发《加快建设体育河南实施方案》。

党的十八大以来,党中央高度重视体育事业发展:党的十九大要求"加快推进体育强国建设",党的十九届五中全会提出了到2035年建成体育强国的远景目标。

河南省委、省政府对体育工作给予了高度重视,河南省第十一次党代会提出了"加快建设健康河南、体育河南",省政府印发了《关于加快建设体育强省的实施意见》,为促进体育河南发展提供了有力的政策保障。

制定《加快建设体育河南实施方案》有利于推进全省体育事业和体育业高质量发展,也有利于发挥体育在促进经济社会发展中的综合作用,助力现代化河南建设。

---

① 河南省人民政府关于加快建设体育强省的实施意见 [J]. 河南省人民政府公报,2021(24):3-7.

第二节　河南省全民健身政策分析

一、《关于促进全民健身和体育消费推动体育产业高质量发展的实施意见》

（一）总体目标

《关于促进全民健身和体育消费推动体育产业高质量发展的实施意见》提出了到 2035 年建成体育强省的远景目标，指出积极开展全民健身运动，普及推广群众喜闻乐见的体育项目，推进群众性体育健身，加大全民健身的宣传力度，帮助人民树立终身体育的意识，使体育锻炼成为一种生活方式；将体育产业纳入全省发展战略，站在全省经济社会发展的高度对体育产业进行规划，优化体育产业结构，建立门类齐全的体育产业体系；增强政策的引导作用，突出资源优势，建立以市场为导向的体育发展规划，着力开发体育与文化、旅游产业的融合产品，激发体育消费热情，推动体育产业融合高质量发展。到 2025 年，全省体育产业总规模要突破 2500 亿元；到 2035 年，体育产业将成为全省国民经济的支柱性产业。[①]

（二）主要任务

河南应优化体育产业发展结构，大力发展特色产业。河南有着丰富的体育资源，如少林武术、太极拳等优势资源，基于此，河南省要紧跟国家战略发展步伐，以优势资源为主导，构建多元化、系统化的武术产业体系，将健身休闲、竞赛表演、影视拍摄等产业纳入武术产业体系中，针对登封市和温县武术资源丰富的优势，发挥政策的引导作用，支持它们建设武术产业基地。同时，重视体育竞赛表演业，积极开发健身休闲等新产品。建立以人民为中心的发展理念，完善体育产业政策，不断提升体育旅游服务水平，营造开放的体育旅游营商环境，支持引进国际知名的体育赛事，开发国际化体育旅游产品，与国际体育组织建立合作机制，

[①] 河南省人民政府办公厅关于促进全民健身和体育消费推动体育产业高质量发展的实施意见[J]. 河南省人民政府公报，2021（04）：18-21.

鼓励地方举办具有良好群众基础的体育竞赛表演活动，定期举办广播操、自行车、游泳、武术等常态化全民健身示范活动。释放社会活力，提升体育服务业发展水平，探索出独具河南特色的体育发展路径。

从拉动体育消费的角度看，体育消费需求会不断扩大，体育强省重在建设，加强全民健身场地设施建设，构建全民健身公共服务体系，打造"15分钟健身圈"，支持健身组织参与全民健身运动。丰富体育消费供给，制定完善的公共体育场馆管理制度，建立人才培训规划，加大对公共体育场馆的扶持力度，鼓励公共体育场馆向社会发放体育健身消费券。

在市场经济体制下，体育企业在体育产业的发展过程中发挥着重要作用，培育壮大体育市场主体，加强分类指导，强化政企沟通联系，鼓励创新能力强的本土体育企业做大做强，培育精细化、专业化的中小体育企业，弘扬体育精神，加强服务指导。

从体育场地设施方面来说，引导各地打造体育公园，增加健身场地，加大健身实施的有效供给，对群众身边损坏、陈旧的健身设施进行及时更换。强化体育场地的规划设计，在公园绿地中增加体育设施，鼓励群众就近参与健身活动。支持中小学对校园体育场地设施进行社会通道改造，实施中小学体育运动设施开放计划，节假日免费向社会开放。

与此同时，加强体育人才的引进和培养，构建多维体育人才培养模式，通过政府购买服务的方式，将专业教练员、退役运动员等引入学校和体育培训机构为竞赛提供指导。依托河南自然和人文优势，打造体育训练示范基地，建设体育旅游精品线路。提高社会体育指导员水平，对社会体育指导员进行技术指导，鼓励医院培养和引进运动康复师。

体育产业的长远发展离不开政策的支持，为了推动体育产业的高质量发展，河南省通过税收倾斜、土地优惠等政策，大力扶持体育产业。体育企业符合政策规定条件的，可享受相应的财税优惠政策，同时制定体育产业发展规划，加快对专业体育人才的培养。

（三）保障措施

1.加强组织领导

在全民健身联席会议制度的支持下，河南省建立多部门的协同工作机制，定期对重大体育项目和影响体育产业发展的重要问题进行研究，使意见落到实处。相关部门要认真领会文件精神，切实履行职责，加强同民政、文化等部门的沟通交流，完善体育产业制度，紧密合作，形成合力。省体育局、发展改革委要加强指导，了解有关部门的工作进展情况，对工作中遇到的问题要及时予以解决，确保各项任务顺利完成。

2. 深化"放管服"改革

完善体育赛事管理服务机制，加强安全指导，进一步转变政府职能，简化体育赛事举办期间的道路、水域等行政审批流程，对不利于体育产业发展的各项政策予以调整，强化服务，探索建立"一站式"管理服务机制。进一步优化市场环境，积极引入社会资本承办赛事，加快人才、资本等要素在体育市场中的流动，加快体育产业行业协会建设，营造全民参与锻炼的氛围，创新公共体育场馆运营机制，破解事业单位独立经营管理公共体育场馆的困境。对政府投资新建的体育场馆委托第三方来运营管理，引入现代企业管理制度，增强体育场馆复合经营能力。

3. 强化政策和资金支持

体育产业的健康持续发展依赖于政策和资金的扶持，对符合政策规定条件的体育企业实行财税优惠政策，如享受研究开发费用税前加计扣除等政策。体育场馆自用的房产和土地，可以依照规定享受房产税、城镇土地使用税等优惠。加大体育产业的资金投入，鼓励有条件的地方设立体育产业发展引导资金，借鉴国外体育产业发展的成功经验，拓宽职业体育发展渠道，提升职业体育的发展水平，鼓励社会资本进入体育产业。加强金融机构与体育企业的沟通合作，指导金融机构在依法合规的情况下加大对体育企业的支持力度，理顺体育企业、金融机构、社会组织三方面的关系，创新质押贷款服务，满足体育企业多样化的融资需求。

4. 健全支撑体系

加强体育产业人才培养，鼓励有条件的高校设立体育专业，培养体育经营管理、体育旅游、体育文化等专业人才，鼓励校企合作办学。发展体育职业教育，建设体育产业人才评估体系，完善专业体校的基础设施水平，开展体育人才的培训工作，提高从业人员的理论水平和服务能力。加强体育产业发展研究，健全体育产业动态统计监测制度，建立日常监测机制，定期公布统计数据并汇报，推进体育行业职业技能鉴定。

二、《关于加快建设体育强省的实施意见》

（一）总体目标

基于河南省的经济发展情况，综合考虑体育事业的发展前景，经过认真研究，反复论证，提出了体育强省建设的总体目标：到 2025 年，河南争取进入体育强省的行列。深化体育产业改革，进一步完善体育公共服务体系，使体育公共服务体系朝着更高水平发展，优化产业结构，推动体育产业升级转型，现代体育产业体系基本建成，人均可使用的体育场地面积达到 2.6 平方米，深入落实全民健身战略，使经常参加体育锻炼的人数比例达到 38.5%，拓展社会体育指导员队伍，争取每一千人中就有 3 个社会体育指导员。推进职业体育，竞技体育综合实力显著增强，跻身全国先进行列。体育产业实现高质量发展，体育产业总规模突破2500 亿元。加大招商引资力度，促进体育产业与教育、文化、旅游产业的深度融合。增强体育文化的影响力，弘扬中华体育精神。到 2035 年，全面建成现代化体育强省。统筹规划体育产业布局，市民体育健身意识不断增强，运动健身已经成了人们生活中的重要组成部分，经常参加体育锻炼人数比例达到 45% 以上，国民体质合格率居全国前列，每一千个人中就有四个社会体育指导员。竞技体育整体实力始终保持在国内先进行列。

（二）重点任务

1. 落实全民健身国家战略

健全全民健身工作机制，在全省范围内倡导建设体育强省，在各个地级市倡导建设全民健身模范市，在基层的县（市、区）倡导建设全民健身模范县（市、区）。坚持以人为本的发展理念，构建完善的体育产业体系，加强全民健身场地设施建设，到 2025 年，所有基层的县（市）建成"两场三馆"项目，在农村，因地制宜建设健身场地设施，完善公共体育设施使用规范。在城市合理利用公园、绿地、城市空置场所打造社区健身中心，实现城乡"15 分钟健身圈"全覆盖。广泛开展全民健身活动，积极组织足球、篮球、乒乓球活动，鼓励街道、企事业单位开展丰富多彩的体育活动，打造具有黄河特色的系列体育赛事，完善赛事产业链，普及体育健康知识。深化体育院校建设，探索多元人才培养路径，完善青少年体育赛事体系，提高河南体育的知名度和美誉度。促进体卫融合，加强国民体质监测站点建设，探索建立多部门协同合作的运动促进健康模式，鼓励社会资本进入体育卫生产业，加强运动科学研究，充分利用广播、电视等形式，引导大众树立科学锻炼意识，培养健康生活方式，建立健身监控人才专家库，积极推广体育文化；推动冰雪运动发展，增加冰雪场地设施供应，举办群众性冰雪活动，推进冰雪运动进入校园。

2. 提升竞技体育综合实力

河南省要将体育产业放在重要位置，优化体育产业发展环境，引进重大赛事活动，依托河南特色体育资源，积极申办全国综合性运动会，加强对各类体育赛事的宣传报道，办好 WTA（Women's Tennis Association）郑州国际女子网球公开赛，弘扬中国体育精神，以体育基础数据库为依托，建设一体化的公共体育服务平台，继续申办国际乒联巡回赛。优化体育项目结构布局，充分利用自然资源丰富的优势，推动武术、自行车、田径等优势项目发展，形成优势项目群，定期向群众普及体育知识，增强公众的自觉健身意识，做好重大赛事备战参赛工作。大力发展竞技体育，完善科学训练体系。支持教练员、运动员的职业化发展，加强复合型优秀运动队的建设，进一步探索优秀运动员的培养模式，加大反兴奋剂工作力度。

3. 推动体育产业高质量发展

积极推动体育消费，坚持改革创新，完善健身消费政策，大力发展体育休闲旅游产业，进一步优化体育经营环境，培育壮大市场主体，加强体育消费机制创新，推动体育消费结构升级，营造体育消费氛围，支持本地体育企业做大做强，构建现代体育产业体系。引导群众树立预防保健理念，鼓励群众参加健身消费，不断培育壮大全民健身组织，广泛整合民间力量，支持场馆开发时尚健身、竞赛表演等体育消费项目，持续加大体育项目投入，完善各级体育联赛制度，培育品牌赛事。

4. 促进体育文化繁荣发展

弘扬中华体育精神，推进体育文化建设，创作具有时代特征的体育文化产品。深入挖掘河南特色体育文化资源，创建具有河南特色的体育文化品牌活动，整理少林、太极、龙狮、龙舟等体育项目蕴含的文化底蕴，开展体育文物、档案的收集工作，推动太极拳、少林拳进校园，促进体育文化交流，拓展体育文化传播渠道。

（三）保障措施

1. 加强组织领导

各级政府要深刻领会文件精神，高度重视体育事业的发展，将建设体育强省工作纳入重要议事日程，将体育产业作为衡量当地国民经济发展的重要指标，将建设体育强省工作纳入社会发展规划，各相关部门根据本部门的具体情况对目标任务进行分解，建立目标责任制和动态调整机制，确保体育强省建设的各项目标如期完成。

2. 全面深化改革

深化体育领域"放管服"改革，组织有关部门集中学习省市文件精神，加强与上级部门的沟通与对接，推进放权赋能工作，加强对公共体育设施、体育赛事活动等领域的监管，充分激发市场经济的发展活力，引导社会力量参与竞技体育，整合政务资源，加强服务理念，优化办理流程，落实属地管理责任，加快购进多元的竞技体育发展模式。

3. 加大政策支持

完善公共财政体育投入机制，强化税费政策精准推送，将优惠政策及时推送给体育企业，落实体育税费政策，保障重要公益性体育设施和体育产业设施、项目的必要用地。

4. 强化人才保障

根据各地实际情况制订体育人才培养计划，完善体育人才管理制度，探索体育人才培养的新模式，开展体育引智工作，与体育企业、体育俱乐部建立合作机制，拓展人才培养渠道，扩大高等院校体育类专业招生规模，加强体校学生或运动员的文化教育，加强体育高端智库建设。

5. 建设数字体育

伴随着体育与数字化技术融合地不断加深，体育产业迈入了新的发展阶段，体育数字化成为新的发展潮流，建立数字化体育服务平台，加快大数据、云计算等新技术在体育领域的应用，建设体育行业信息平台，全面提升数字化体育管理水平，依靠多维技术和物联网，搭建全省全民健身信息服务平台，建设省级体育数据库。

三、《加快建设体育河南实施方案》

（一）总体目标

到 2025 年，全民健身公共服务体系进一步完善，开展体育场地设施惠民工程，使城乡居民的身体素质得到显著提高，约有四成的居民经常参加体育锻炼。县（市）以上城区全部建成"两场三馆"，城市社区的健身设施进一步完善，体育主题公园的数量不断增多，加快推进"15 分钟健身圈"建设，大力弘扬体育精神，深入挖掘体育精神内涵，开展体育文化建设，彰显河南体育新形象，对外交流更加活跃，具备承办全国大型综合性运动会的能力。优化资源配置，补齐服务短板，实现体育产业提质增效，总规模超过 2500 亿元。

（二）主要特点

1. 着眼新形势新变化，推动全民健身公共服务转变

着眼全民健身多样化、科学化的趋势，从人民的健身需求出发，合理规划建设健身中心、篮球场等体育场地设施，加快构建更高水平的全民健身公共服务体系。促进各地区"两场三馆"建设，老旧小区增加健身设施，方便居民就近参加体育锻炼，完善城市社区"15 分钟健身圈"。积极探索差异化全民健身路径，开展巡回科学健身讲座，宣传健康知识，做好科学指导员的培训工作，到 2025 年培养 5000 名基层卫生服务机构医务人员成为科学健身指导员，增强群众健身意识。深化体教融合，鼓励学生积极参与体育锻炼，确保学生每天在校内有一个小时的体育活动时间，加强家校合作，确保节假日期间学生每天有一个小时的体育活动时间，指导学生较好地掌握 1~2 项运动技能。深入挖掘以少林拳、太极拳为代表的传统体育资源，结合时代需求继承创新，培育传统项目品牌赛事，推动传统体育项目发展。

2. 突出重点与优势，提高竞技体育综合实力

优化竞技体育发展布局，创新竞技体育备战管理模式，针对各地体育发展的具体情况，统筹奥运项目与非奥运项目，合理规划夏季项目与冬季项目，科学发展优势项目与潜优项目，形成优势项目群。抓好教练员梯队建设，全面优化运动队复合型保障团队组建模式，提升团队建设质量，大力引进国内外高水平教练员，借鉴国外先进的训练理念，提高运动员的训练水平，完善人才培养机制，做好青

少年体育后备人才选拔工作，建立反兴奋剂长效机制，构建反兴奋剂教育预防体系。

3. 鼓励社会力量办体育，加快体育产业提质增效

出台多项政策，实现体育与教育、旅游等产业的深度融合，加快形成现代体育产业体系，打造30家省级体育旅游示范基地，引导体育企业调整产业结构，实现企业的优化升级，培育2~3家体育领域的上市公司，组建河南豫健体育集团。完善体育行业标准体系，建立标准化的管理机制。注重体育消费新热点，提供个性化的体育产品和服务。构建共享体育商业模式，促进各类主体在体育设施、赛事活动等方面发展。

4. 推动体育对外开放，弘扬体育文化

积极申办全国性综合运动会，进一步释放体育消费潜能，引进具有较大影响力的精品体育赛事，支持郑州、洛阳等有条件的城市建设国际体育名称。加强体育文化建设，弘扬以少林拳、太极拳为代表的武术文化，规范市场秩序。持续做大体育用品产业，大力开发互联网体育产业，将武术、龙舟、棋牌等传统体育项目与历史、民族、文化等有机结合起来，组织优秀运动员、运动队开展公益活动，发挥体育明星及团队正能量的作用。

（三）保障措施

1. 加强组织领导

各级领导部门要找准河南体育定位，从人民体育消费的需求出发，充分发挥全民健身工作联席会议的协调作用，组织体育专家建立体育河南建设工作专班，统筹推进体育河南各项重点任务落到实处。各地要深刻认识到体育产业在国民经济中的重要地位，贯彻落实全民健身战略，将体育河南建设纳入重要议事日程，因地制宜制定具体举措。

2. 推动职能转变

深化体育领域"放管服"改革，切实转变政府职能。在计划经济体制下，体育行政部门的主要职能是"办体育"，在市场经济体制下，体育行政部门要更新观念，坚持问题导向、基层导向，主要职能转变为"管体育"，强化统筹管理，做好行业监管，建立健全体育市场准入制度，规范市场行为，维护体育市场秩序，提升市场监管的效能。

3. 强化政策保障

进一步明确产业发展的思路，加快完善体育产业政策体系，落实支持体育产业发展的各项优惠政策，加大政府对于体育产业的财政投入，增强体育产业活力。充分发挥金融资本的支持作用，制定重大体育赛事奖励办法，加强体育法治宣传教育，推动区域间体育产业资源交流共享。

4. 强化科技赋能

加快实施体育领域科技创新驱动战略，加大资源整合力度，推进互联网、大数据、人工智能的信息技术与体育领域的深度融合，增强核心竞争力。大力发展"体育＋"，扩展体育产业的发展空间，构建全民健身信息服务平台，实现省、市、县三级的全覆盖，发挥科技创新在体育产业转型升级中的引领作用，建立省级体育数据库，加快体育信息化转型。

5. 严格责任落实

各地、各有关部门要根据本方案的要求，将目标任务进行逐项分解，以年为单位，确保各项目标任务落到实处。落实目标责任制，健全动态监测机制，建立多元化的评估机制，将专家评价、社会评价和自我评价有机地结合起来，保障方案的顺利实施。

第三节　河南省全民健身的问题与对策

一、河南省全民健身的问题

（一）河南省全民健身政策问题

河南省政府虽然自 1995 年以来出台了一系列政策法规，采取了推动全民健身发展的有力举措，全民健身工作也取得了一定的成绩，但全民健身在发展的过程中也折射出政策方面存在的一些问题，全民健身实际取得的效果与预定目标存在一定差异。这就需要深入剖析全民健身政策存在的问题及产生问题的原因，从而进一步推动河南省全民健身政策的完善。

1. 政策制定主体之间"协调性"与"联动性"不足

政策制定主体之间"协调性"与"联动性"不足，利益博弈占据主导地位。河南省全民健身政策制定主体之间协调性与联动性不足体现在联合发文数量少和政策中未对各部门进行明确分工，以及各部门间不能形成有效互动两个方面。在联合发文方面，自 1995 年以来联合发布的文件所占比重较小，联合发文数量和联合参与单位数量普遍较少，不同部门之间合作和协同程度较低。

另外，尽管近年来逐渐形成跨领域、多部门共同制定体育政策的趋势，但事实上实质性工作联动仍是缺乏的。如 2019 年 11 个部门共同发布《河南省关于加快发展健身休闲产业的实施意见》，但各部门的任务职责分工不明确，政策主体间不协调的问题仍然存在。河南省全民健身政策的制定主要依靠河南省人民政府和体育局，在文本的内容设置上和执行过程中则更倾向于体育部门的权力范围。在实际运营中，全民健身事业的推进需要教育厅、科学技术厅、财政厅、自然资源厅、统计局、卫健康委等多部门的参与与投入，仅靠体育部门无法实现以对各种资源的有效配置来满足全民健身目标群体的多样化需求，这就易形成政策制定与实际运行中的脱节。究其原因，在公共政策领域，政策是对全社会的价值作出权威性的分配[①]。

当全民健身政策需要多个部门联合制定时，经常会出现多部门之间的利益博弈。在这种情况下，全民健身政策经过部门之间的讨论和协商，共同利用社会资源、优势去解决某一重大社会突出问题，虽然能够基本满足群众健身的需求，但在政策局部细节方面缺乏明晰性。因为在实际决策过程中，部门之间的利益追求及部门条例会影响各部门之间的合作，政策在地方性落实时，缺乏沟通协调机制，沟通不足使得部门之间利益协调不够，导致不同部门之间出现摩擦，资源得不到充分利用，易造成政策执行效率低下。

2. 针对农民的具体政策措施不足

河南省近几年经济发展突飞猛进，经济环境在总体上虽得到一定改善，但作为人口大省的河南省来说，人均收入及不同地区间经济发展差异较大。体育作为上层建筑的一部分，在城乡之间全民健身发展不均衡的现象较为突出，尤其是对

---

① 李北群.论教育政策的利益分析：必要性、框架及应用 [J].江苏社会科学，2008（06）：210-214.

县以下农村全民健身工作的开展。

从政策制度上来看，在近 26 年河南省颁布的全民健身相关政策中不难发现城乡公共体育服务供给制度的差异性。社区全民健身工作的开展自 1995 年《全民健身计划纲要》颁布以来一直都作为全民健身政策中的重点，各级地方政府把社区体育作为社区建设的重要内容，对城市公共体育设施和服务建设的强度逐渐加大，城市公共体育公共设施逐年增长，并为社区群众性体育组织培育、安排体育公益金资助社区开展体育活动等多方面提供保障。在出台的制度和条例中仅对农村体育设施建设、开展体育活动的层面提出建设性意见，表述也较为笼统，缺乏具体的量化指标，如开展适宜农民的体育活动、扶持公共文化体育设施建设等，经济投入方面也未设置硬性指标，以至于城乡人数占比与资源条件失调，农民群体参与全民健身的权力得不到保障。

（二）河南省全民健身公共服务体系问题

1. 场地设施不足，缺乏多样性

目前，居民进行健身锻炼的首选依然是社区公共场所、公共设施，其中健身步道所占比例最高（图 5-3-1），这说明虽然近几年河南人民的生活质量得到了大幅度提升，河南的全民健身公共基础设施在稳步提升，但是距离"体惠全民"的最终目标仍有相当大的距离。城市社区的免费公共场所和公共设施是非常有限的，大部分社区仅开设了乒乓球场，仅有少部分社区建有篮球场、足球场，健身场地和设施的匮乏，在一定程度上削弱了居民的健身热情。近年来，尽管一些高校已开始自觉地向社会有偿开放部分体育场馆，但是开放程度还远没有达到人们对体育锻炼场所的需要 ①。

---

① 于迎冬 . 全民健身公共服务体系建设的研究 [J]. 中国市场，2021（07）：111-112.

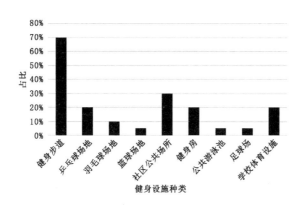

图 5-3-1 生活区两公里范围内健身设施情况

2. 管理粗放，供需矛盾突出

居民对于全民健身公共设施满意度较低，很多居民表示健身设施种类偏少，数量不足，当健身设施出现损坏时不能够得到及时的修复和更换。个别部门在投资体育公共设施时，将重点放在了体育公共设施的建设和投入中，忽视了体育公共设施的管理，不应该只讲究效益，这样会造成资源浪费。

3. 全民健身公共服务智慧化建设有待完善

全民健身公共服务智慧化是实现全民健身服务精准化、便捷化的重要途径，正是由于全民健身公共服务智慧平台，全面健身资源才得以整合、共享。通过对相关人员访谈发现，目前，河南省全民健身智慧服务平台尚处于起步阶段，涉及重大体育赛事、体育活动以及健身指导等网络信息平台还正在建设中，居民尚无法通过信息平台获取健身信息，仍然存在着信息不对称、使用不便捷等问题。

4. 全民健身公共服务市场化机制有待完善

有的场馆仍旧只对体育运动团队开放，市场化程度较低，无法满足普通居民的健身需求。全民健身工程属于公益服务，全面健身计划的顺利开展依赖于完善的场馆和设施。场馆在建设时需要投入大量的资金，日常的管理与维护也需要一定的维护成本，如果体育场馆的建设和维护全部由政府部门来承担，势必会加大财政压力，出现人力、财力等不足问题，因此需要引入市场机制，以缓解政府财政压力。

5. 全民健身人才储备不足

当前，河南省体育专业人才严重缺乏，即使政府出台很多政策文件鼓励社会各界人士参与全民健身工作，但是落地配套制度尚不健全，仍存在着志愿者队伍不稳定、组织机构不完善等问题。培训机构对于社会体育辅导员的培训工作给予了高度重视，每年都会组织社会体育指导员进行培训，看起来社会体育辅导员的队伍是在逐年壮大，但由于缺乏配套的管理机制，仅有少部分社会体育指导员能够参与运动指导活动，存在着专业人才资源浪费的问题。

二、河南省全民健身的对策

（一）完善河南省全民健身政策

1. 完善全民政策体系

需要对全民健身政策体系进行完善。从政策类型上来说，需要出台专门性的全民健身政策，要从河南省社会经济的角度出发，站在增强全民身体素质的高度，制定和完善辅助性配套政策，同时针对不同的群体制定针对性的政策文件，增强全民健身政策体系的可操作性和执行效力。

2. 建立协同发展机制

随着社会经济的蓬勃发展，人民的物质生活质量需求不断提高，体育需求也呈现多样化的趋势。目前，全民建设事业的顺利发展有赖于多个部门的协调配合。因而要站在"大体育"的高度，服务于健康中原建设总体需求，在全民健身工作联席会议的合作支持下，构建全民健身工作的协同发展机制，联合全民健身有关部门，制定综合性政策，制定促进全民健身和全民健康的系统性政策，将场地、组织、人才等方面纳入政策中，建立健全健身健康领域的标准规范，形成各部门的联动效应。

3. 深化群众体育体制改革

全民健身工作的顺利开展需要政府、市场以及社会三方面共同发力，从全民健身政策文本来看，政府、市场、社会三者在全民健身工作的推进中存在着贡献率不均衡的问题，河南省在推进全民健身工作中仍以政府为主导，市场资源和社会资源并未得到充分的利用。发挥有效市场作用和广泛的社会参与仍然是我国体育体制改革的一个重要方向。政府要深入推进体制改革，搞好权责清晰的"有限政府"建设，推进政府和社会市场分工合作，保障体育体制、社会组织以及个人都具有参与治理的平等权利。

政府要出台相关的政策法规，完善社会体育组织管理体制，支持社会体育组织参与体育事业，大力引导社会资本进入全民健身领域，成立全民健身发展集团，设立全民健身投资基金，并且当符合条件的体育企业参与全民健身事业时，要在土地、税收等多方面给予优惠政策。

4. 促进体育公平

在新时代背景下，全民健身政策要遵循"均等化"的原则，统筹协调城乡区域居民的体育权益，尽量满足不同群体的体育需求，特别要对农村地区居民以及城市弱势群体的体育权益给予高度的关注。河南省政府部门要充分意识到农村体育事业对体育强省目标的实现具有重要意义，高度重视农村体育事业的发展情况，从城市和乡村地区的差异入手，出台农民参与健身事业的相关政策，在完善农村地区健身场地设施的基础上，建立专业化的社会体育指导员，鼓励农民积极参与健身活动。

首先，从农村健身的实际出发，构建科学合理的量化指标，对农村地区的公共体育设施供给、体育经济投入等进行规范化的了解，并以此为基础，运用宣传栏、宣传册等多种形式向农村居民普及全民健身知识，选拔拥有医疗卫生知识的高素质人才担任社会体育指导员，开展全民健身示范村、乡村健身达人的评选活动，推动乡村全民健身事业发展。

其次，结合地域乡村特色，开发全民健身的体育特色项目。如有的地区拥有丰富的河流资源，可以将旅游资源与体育资源结合起来，开发以生态漂流为主的体育项目；有的地区山林资源较为丰富，可以发展户外探险、房车露营等体育项目，以拉动农村经济，增加农村体育投入，推动农村体育朝着更加良性的方向发展。除此之外，对河南省老年人、残疾人等弱势群体而言，也要充分保障他们参与体育的平等权利，结合他们参与体育运动的意愿和身体情况，向他们提供特殊体育设施和服务，逐步构建起涵盖不同群体的公共体育服务体系。

5. 引入大众参与机制增强民主性，构建科学的监督评估体系

全民健身计划的有效落实，不仅要提高全民健身政策的效力性和权威性，还要深入群众，对群众的健身需求做到心中有数，制定科学化、民主化的全民健身政策。科学民主的政策离不开公众的参与，只有多渠道地收集公民多元化的健身

需求，建立健全大众参与机制，才能获得有效的健身信息。为此，政府有关部门要充分利用报纸、电视、新媒体等多种渠道向民众介绍健康知识，增强社会公众参与运动的意识，建立多元化的利益诉求渠道，使公众积极表达自身对公共服务体系建设的意见，建立健全听证制度，对公众反映的问题及时反馈和处理，提高公民政策制定的参与意识。

科学的监督评估体系是全面健身政策有效落实的保障。在监督评估方面，积极发挥专家学者、社会组织以及基层民众的力量，构建包含多种力量在内的多层级的全民健身监管评价体系。当前，政府部门在全民健身工作中居于主导地位，有关部门依托信息技术建设了政府网站，对全民健身的相关信息及时在网上宣传，定期公开政策实际进展情况。科学完善的外部监督机制对全民健身政策的落实具有积极意义，因此可委托第三方监督全民健身工作。政府部门要出台相关的法律法规以明晰第三方评估机构的权利和义务，明确第三方评估的具体内容。第三方评估监督机构要切实履行监督责任，对政府开展的涉及全民健身工作中的重大项目予以监督，定期走访群众对全民健身的社会满意度进行调查，构建符合本地实际的全民健身政策满意度模型。

（二）构建高水平全民健身公共服务体系

1. 保障供给机制长效性

加强政府规划，满足各类需求。全民健身供给政府是主体，应加强政府统一规划部署，统筹区域内场地设施状况，保障多样性供给，尽可能满足广大人民的实际需求。

实行长效供给机制。在政府采购行为中，比较常见的是项目制。如今年投入多少钱，建了多少个场地，购买了多少设施，明年可能就不再有相关的费用，这样就会存在建设部门只管投入建设，不考虑日常运行、管理和维护等，工程建设和维护需要持续性、系统性的管理机制。建议政府每年划拨一部分固定支出，用于日常维护与使用，或者引入市场机制，进行社会化运营。

2. 利用信息化手段解决供给设施底数不清、管理粗放等问题

利用技术手段，摸清设施底数，提高服务质量。以社区健身器材为例，每年每个社区投放了多少设备，都是什么样的设备，使用情况、损坏设备维修情况管理部门没有详尽的数据。政府可以采用技术手段解决这一问题，如使用健身路径

电子巡检设备等。通过架设高清 5G 摄像头巡查，详细获取各个社区设备投放情况、设施类型及使用情况；通过视频或图像比对，第一时间发现问题，及时通知维护人员上门维修，提高解决问题及时性，进而提高服务质量。

发挥大数据作用，为精细化管理提供支持。利用大数据技术，做到体育设施底数清、使用情况明晰、投放位置清晰。在后期体育基础设施建设过程中精准投放，有的放矢，为下一步精细化的管理提供数据支撑，解决供需矛盾。

3. 加快全民健身服务智慧化平台建设

加快全民健身服务智慧化平台建设，促进全民健身与全民健康融合发展。加快全民健身场景建设，提高居民健身兴趣。互联网飞速发展的今天，必须顺应潮流，提高全民健身的智慧化服务水平。因此，应加快全民健身场景建设，自动采集群众健身数据并进行科学分析，主动为群众提供健身指导与建议，不断增强健身场景对群众的吸引力，提升大众健身服务的智慧化水平。

加强全民健身数据的采集与应用，促进体医融合。利用大数据技术，做好健身人群的数据统计，促进全民健身与全民健康融合发展。打通医疗、体育监测数据，节省资源，避免重复检查，快速了解民众基本身体素质状况及健身状况，为运动专家提供医疗信息，有助于运动处方专家开具运动处方，并进行病情跟踪，建立不同人群身体健康标准，给出普适性意见和健身建议。随着时间的推移，积累的大量数据有助于自动开具运动处方、自动推送运动建议等，以便减轻医疗、运动处方专家的工作量，真正实现体医融合。

利用信息手段，掌握全民健身活动组织情况。关于全民健身活动的组织情况，管理部门通常是出台政策性的文件，鼓励大家组织全民健身活动、比赛等，实际上，基层组织的效果如何，上报的数据准确性有待商榷。政府可以通过信息化手段获取各地活动组织情况，如通过网络爬虫抓取各地相关新闻，统计分析后获得各地市相关活动组织的准确情况，有助于管理部门掌握基层管理情况。

4. 加大公共服务体系市场化运营力度

全民健身工程属于公益服务，可以引进谁受益、谁付费的市场化运作模式，降低政府财政压力，也可引进政府购买社会组织服务，并对队伍稳定、组织活跃、专业素养高的自发性社会组织给予支持。

各类场馆建设可由社会资本介入，第三方建设、运营，这样可以减轻财政压力。场馆建成后，第三方在一定期限内享有使用权与经营权，到达年限后将公共基础设施无偿或有偿移交给政府部门。

软服务可通过政府购买的方式，把公共服务业务承包给第三方。例如，在社区开设国民体质监测站，整合医疗机构、体育院校、运动处方专家等资源。政府通过向社会购买服务的方式，将相关服务外包给医疗机构和体育院校，硬件设备由政府供给。这种市场化运营方式可以节省政府的财政开支，充分利用医疗机构和体育院校，提高服务的效率与质量。

加速服务模式创新，打造一站式服务中心，实现多方共赢。社区距离群众最近，大部分设施都在社区，因此打造社区健身服务中心非常必要。由运动康复专家评估，给出运动建议与运动处方，社会体育指导员协助锻炼，经过一段时间后，再次由运动康复专家评估效果，更改运动建议与处方。

建议政府出台政策，鼓励企业投资建设社区健身体验点。政府给予一定的场地与政策支持或补贴，采取"个人买单 + 政府补贴"的形式运营。

5. 用好社会体育指导员和志愿者，提升科学健身指导服务水平

提升科学健身指导水平，迫切需要建立管理机制及激励政策，充分调动健身指导员的积极性。在政府购买服务中可以尝试要求第三方在运营健身场馆时聘请具有资质的群体担当社会体育指导员的角色，以解决普通民众科学健身的问题。把社会体育指导员资源利用起来，促进社会体育指导员队伍建设。

志愿者可以采用"运动银行"的做法，如志愿者用服务时间换取健身时间、健康体检等。

第四节　新时代智能体育背景下的河南全民健身创新发展

一、河南全民健身的"互联网+"新常态

（一）网络体育社团与体育实践

1. 网络体育社团的概念与特点

互联网为人们提供一个虚拟空间，这个虚拟空间的基础即是网络技术。在虚拟空间内，人们的兴趣、需要、价值观念和文化得到体现，并根据各种要素形成各种虚拟社团。其中，网络体育社团是一种以共同体育运动为纽带形成的虚拟社团，为人们提供信息沟通的平台。网络体育社团与现实体育社团同样都具有场所、人群、组织、成员等要素，都具有集中人们相同的兴趣、相同的文化的特点。

网络体育社团和现实体育社团也有不同之处。第一，网络体育社团的空间是开放的，网络体育社团的成员可通过网络信息技术集中在一起，这些成员可以分布在世界各地，只要有共同的信息，他们就能结合在一起。第二，网络联系着所有的成员，每个成员都可在虚拟空间中表达自己，展现自己，也可在虚拟空间中获取信息，处理信息，每个人拥有平等的地位。第三，如果没有互相认同，那么网络体育社团不可能将这些成员集中到一起，因此，情感性也是网络体育社团的重要特点。

2. 网络体育社团参与体育服务实践的现状——以 QQ 体育群为例

在网络社区服务模式的演变中，QQ 体育群的出现是重要推动力之一。在最开始，体育爱好者在网络社区，如 BBS 上发表言论，并与网友互动，一起讨论体育运动的有关信息、体验等，并不存在线下的互动。后来，人们开始通过网络开展线下联系，网友之间的关系突然紧密了起来，注意这也仅限于个体之间。随着关乎人与组织关系的网络社区出现，网络体育社团有机会开展群体活动。QQ 体育群的出现，将人、物和组织捆绑起来，依据人的体育兴趣爱好和目的，同类人聚集到一起，将不同类人区分到不同的群体中。目前，我国 QQ 体育群的数量庞大，随着互联网技术的发展，超过一百个用户的 QQ 体育群也不在少数。

（1）服务内容

QQ 体育群一般围绕着某一个体育项目展开。目前，QQ 体育群涉及的项目超过 50 项，这些 QQ 体育群的群标签给人明确的活动主题等相关信息。QQ 体育群能够满足各类体育参与者的体育需求，尤其是比较独特的个性化体育需求，因此，QQ 体育群是当前体育爱好者非常喜闻乐见的网络交流平台。

（2）服务方式

QQ 体育群有两种服务方式，一个是信息服务，另一个是实践服务。信息服务，顾名思义是一种为用户提供信息分享、交流、互动的服务。群成员可以在 QQ 群中分享体育信息，包括文字信息、图片信息、视频信息等，成员还能将这些信息上传到群空间，提高信息利用率。在群中，成员可以就某一话题展开讨论。实践服务则为人们提供一个聚在一起开展体育活动的机会。QQ 群提供实践服务是将有相同闲暇时间和相同体育兴趣的人聚集到一起，一般选择固定的时间和地点，使群成员共同进行体育活动。除了日常性的活动，如饭后跑步等活动之外，非日常性活动一般选择在周末或者节假日进行，形式一般为竞赛、表演、聚会等。一般来说，这些活动所需的费用都需要群成员共同承担。

目前，我国的 QQ 体育群基本都是提供非营利性的服务，当然也不排除有营利性的服务存在。这些非营利性的服务包括四种：第一，群内成员形成的是一种合作关系，他们的群体行为是自助性行为；第二，群内成员形成的是一种情感关系，他们的群体行为是互助性行为；第三，群内成员由于参加同一个非营利性体育社团或者俱乐部聚集到一起；第四，群内成员由于关注同一个市场组织聚集到一起。此外，一些体育市场组织注意到 QQ 体育群庞大的用户群体，进而挖掘出 QQ 体育群的潜在商机，利用 QQ 体育群来进行经营、培训、推销等，为用户提供有偿性的服务。

（3）组织管理

QQ 体育群的组织管理体现出很大的自主性，QQ 体育群基本上都是由网民自发建立的，网友自愿参与 QQ 群中，QQ 群的管理也由网友自己承担，因此，QQ 体育群有着和现实体育社团不同的运作机制。任何一个人都可以自愿地参与任何一个 QQ 体育群，人们甚至可以同时参加多个 QQ 体育群，一个 QQ 体育群能吸引多少人，则依赖于它是否有足够的社会影响力。QQ 体育群的组织机制也有一定优势：第一，QQ体育群以网络技术为基础，这比实体的体育社团组织所使用的成本少；第二，QQ体育群的网络环境是开放的，因此各个QQ体育群之间存在竞争，如果QQ体育群不能提供更好的服务，那么它自然就不会有足够的社会影响力，吸引不了更多的网友。

QQ体育群实施自主管理，一般来说，QQ体育群的管理者是群主，即群的建立者，群主还能指定若干群成员作为管理员，共同参与QQ体育群的管理。群主和管理员都可以决定是否接受新成员的加入以及是否剔除原有成员。QQ体育群成员在群中的言行如果不得当，就会被禁言处理，甚至踢出群，因此，QQ体育群内部就有着对群成员言行的管理机制。

（二）建设互联网体育健身信息平台

1. 全民健身指导信息重要平台

今天，信息技术和互联网发展的越来越快，人们信息交流的方式包括手机和互联网等媒体。大多数青少年和中青年都在使用网络，网络在人群中传播着各类体育健身信息。网络对体育健身信息的传播有其特殊的优势。

第一，网络传播信息的容量大，速度快。网络的超链接技术使网络容量能够无限地增大。

第二，网络传播体育健身信息的效率更快。由于网络的高速性，使信息传播的速度非常快，因此，网络上的体育健身信息是即时更新的，人们可以从网络上获得最新的体育健身信息。

第三，网络传播形式多样。体育健身信息可以以文字、声音、图像、视频等形式展现出来，能够满足不同用户对体育健身信息的需求。

第四，网络传播体育信息具有开放性和互动性。用户可以通过网络交流分享体育健身信息以及健身之后的感受。互联网的信息传播优势是显而易见的，当前我国的大众科学健身服务仍处于起步阶段，如果能够将互联网技术和大众科学健身服务融合起来，必定能够找到大众科学健身信息在群众之中普及的有效途径。

2. 全民健身政府公共服务网站

数字信息服务不像传统的信息服务，它是非正式的，是借助数字通信信息平台来提供服务的，因而它提供的全民健身信息资源是需要经过审核、存储、过滤、加工才能发布和被人利用的。提供数字信息服务，也就意味着一个网络化的社会环境。当前，信息化发展越来越快，现代互联网技术的飞速进步使网站成为人们生活不可或缺的工具之一，因此网站在当前我国公共事业中，也大有用武之地。

（1）政府公共服务门户网站的概述

网站是具有超链接和超级文本信息浏览服务的 Web 或者 TOW 站点，它的基础是 HTTP 协议，这是网站的一般概念。根据作用的不同，公共信息服务网站可以分为两种类型：一种是信息服务网站，另一种是门户信息服务网站。信息服务网站指的是某一组织结构根据该机构的现状和未来发展趋势建设的网站，这种网站只会提供这个组织机构的信息，并且它所面对的是业务范围内的用户；门户信息服务网站则是提供一个信息管理平台，它拥有统一的用户，因此具有更强的综合性和系统性，能够将各类信息资源整合起来，信息服务的提供者超过一个，且提供者是一些组织，而非个人。

门户网站的建设和开发并不是一件简单的事，不仅要求多种业务的协调合作，强调信息资源的高度整合，还要求构建全方位的网站链接体系，既能与其他门户网站进行横向链接，又能与上下级网站进行纵向链接，进而为用户联合业务的办理服务。政府公共服务门户网站就是将公共服务和电子政府结合起来，以信息化为基础，将各个政府和公共服务部门结合起来，建立起公共服务的应用系统，不管是政府工作人员还是公民都可以通过应用门户网站的业务获得自己所需要的信息和服务。

（2）公共信息服务门户网站的基本构成和主要功能

公共信息服务门户网站由两个系统构成，分别是前台页面和后台管理。门户网站的前台系统指人们浏览网站时看到的信息页面，是人与人之间能够交换信息的一个平台。人们只需要在浏览器上搜索就可以获得进入页面的权限，进而访问这些页面。通常情况下，无须注册验证即可浏览网页上的资料，获取需要的服务，或者与网络中的其他用户进行沟通交流。门户网站的工作人员可以通过前台系统对网站的内容进行及时的更新。门户网站的后台系统承担着信息收集、筛选、整理的职责，然后把加工后的信息发送到前台系统。后台系统从本质上来说就是一个信息管理系统，要想进入该系统需要满足两个条件，首先用户要注册等级取得用户资格，其次进行身份验证方可进入。后台管理人员有责任和权力在网站上发布信息、处理信息、增加栏目和编辑栏目。

（3）政府公共服务门户网站的作用

政府的官方网站要发布公共服务信息，可通过政府公共服务门户网站进行。政府公共服务门户网站的服务对象包括全体公民，因此，门户网站是政府工作透明化的一个重要途径。

当前，大部分政府公共服务门户网站都是人性化的，都能够提供各类接入功能，这有利于提高公共信息资源的利用率，最大限度地实现其价值。人们也可以通过门户网站与政府进行密切的交流，以提高人们对政府的认知度和满意度。

政府公共服务门户网站能够将各种各样的信息资源汇集起来，使得各类公共信息集中到一起，有利于更进一步开发信息服务数据，提高行政效率。

（4）国内全民健身政府公共服务网站案例

我国政府全民健身网站的首页以浅色作为主色调，页面分为各个不同版块，为人们提供公告、新闻图片、专题专栏等信息服务，信息繁多令人目不暇接。页面的右上方给用户提供搜索功能。各种重要内容的板块按照需求比例分配，一一呈现在网站首页上。下面对全民健身网站及另外两个国内全民健身政府公共服务网站的网址及内容进行简要介绍：

①国家体育总局全民健身栏目（http://www.sport，gov.cn/nl6/nll07/index，html）。

②国家体育总局网站（http://www.sport，gov.cn）是我国官方体育网站中最权威的一个网站。该网站设置了很多子栏目，全民健身网站就是其中之一，该栏目为人们提供了有关全民健身的新闻报道、政策法规等各类信息。

③河南体育局（https://tyj.henan.gov.cn/）属于地方政府全民健身公共服务网站，里面承载了各种各样的体育公共信息，人们能够在网站中获得各种体育信息需求，为人们提供了各种健身生活信息服务内容，与民众之间的沟通是非常紧密的。

（三）河南省全民健身公共服务网站信息建设

由政府主导将有关全民健身的资料信息汇集到官方网站上，其优势在于可以将信息公开、快速、全面地进行推广，并且具有权威性。

现阶段大众的健身需求呈现多样化的趋势，迫切需要专业的教练指导和多元化的健身信息，作为官方的信息公布网站，可以增加适量的专业性健身信息和相关的讯息咨询等。在对公众提供健身信息服务的过程中，及时性也非常重要。

毋庸置疑，利用数字化信息服务是新时期河南全民健身工作开展的一个必然趋势。因此，河南政府应当选择数字化信息服务作为开展全民健身工作的重要途径。互联网作为当前信息服务的最主要载体，在接下来很长一段时间内都会被人们所使用，结合全民健身信息资源的公益性特点，互联网采用 Web 技术来构建信息服务平台，全民健身公共信息服务网站平台的建立是提高政府在全民健身活动中优势发挥的必然选择，因为它具有节约服务成本、提高用户满意度等重要特性。Web 技术的使用使得信息共享性提高，全民健身信息能够以动态、直观、实时、个性化的形式展现给民众。借助 Web2.0 技术，全民健身公共信息服务平台能够随时随地发布最新的体育信息共享资源，其服务模式主要如图 5-4-1 和图 5-4-2 所示。

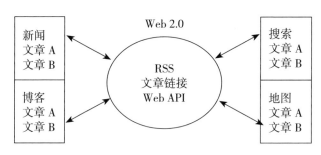

图 5-4-1 基于 Web2.0 技术的内容链接

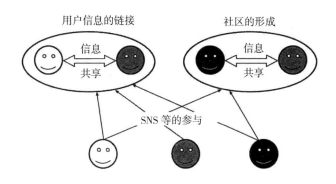

图 5-4-2 基于 Web2.0 技术的用户链接

河南省在构建公共服务网站功能时，首先，要考虑的就是用户需求，其次，要对全民健身信息服务资源进行最合理的配置，以使其功用得到最大的发挥。

1. 河南全民健身网站应涉及有原则的定位服务

体育公共部门在建设全民健身公共新服务网站时，离不开现有资源的支持，由于是自上而下的，所以不可避免地导致了全民健身信息服务的使用无法达到理想效果。我们知道，人与人之间的差异，导致了每个人都有各自的思维方式，因此提供统一的服务很难满足不同人的需求。基于此，国外有学者提出要深入挖掘用户需求，以关系为中心，采用人机交互、可用性工程等新技术，重视用户体验，构建一个信息环境空间体系，以解构信息资源，重新定位服务网站，从而提供真正符合人们需要的服务。

河南省在设计全民健身门户网站时，还要注意到网站的易用性。易用性要求网站能够使用户轻松了解到自己所需要的信息。人们更希望政府所建设的全民健身公共服务网站具有足够的权威性，同时具有简易的特性；人们也希望全民健身公共服务网站的浏览功能更加完善、健全。这就要求网站系统性地将有关的服务内容整合起来，为用户提供一种链式的服务，减少各类复杂的操作，以便用户更方便地浏览信息。还要根据总结出的用户浏览行为的特点，设计更好的信息搜索服务，同时选择优先更新内容。全民健身公共服务网站包括主页面和子页面，不管是哪一个页面，都应当减少用户通过页面跳转获取信息的要求，可以建立友情链接功能，充分使用这项功能来延伸网站的内容。全民健身公共服务网站还可以融合市场和社会非官方组织的信息，以拓宽网站的信息内容。全民健身公共信息服务网站还是应当以公益性信息服务为主，商业性的服务信息只能作为辅助或者补充。只有如此，网站的实用性才能进一步提高。

此外，河南省全民健身公共信息服务网站还要建设反馈功能。当前，人们习惯了信息交流和传递，交流行为越来越社会化，越来越开放，这就要求网站能够开通即时的通信系统，使用户的意见得到反馈。通过全民健身公共信息服务网站的反馈功能，人们可以将自己的运动健身心得体会上传到网站，网站可以为用户设计专门的信息发布窗口，这样一来全民健身公共信息服务网站的信息会更加贴近人们的生活，更有亲和力。还可设计专题论坛和留言功能板块，加强网站的互动性。建立网站会员注册机制，这样有利于网站上的言论得到适当的监控。网站会员注册机制的建立，不仅帮助用户更深入地了解网站中的信息，还能够通过会员的网站操做了解用户的偏好，为进一步的功能开发和建设提供参考，使网站建设兼顾个性化和大众化。

大型全民健身门户网站的重要特点之一在于内容的广泛性，这要求网站具有信息类型众多，并且有专题、热门推荐等信息服务，以满足人们的个性化需求。尤其是地方性全民健身网站，更应当结合本地特色，建设实用性更强的门户网站。由于用户注重身边的最新信息，以及所需要的个性化服务，因此个人网站必须兼顾趣味性和安全性，在吸引更多用户浏览的同时，保护好用户的个人信息。另外，只有经过全面的规划，才能实现网站的功能，满足人们需求的增长，尤其要注重网站信息的及时升级和更新。

2. 河南省全民健身网站要涉及供需的有效融合

全民健身信息服务供给，归根结底还是要考虑以哪些信息供给以及供给信息服务的量是多少。有调查发现，用户对全民健身网站的功能有五个部分的需求，在此基础上，可以供给以下类型的信息服务：

（1）全民健身赛事活动信息

大部分人都希望得到与自己感兴趣的体育项目有关的赛事信息，或者是方便参与的赛事信息。当前，人们对全民健身赛事活动信息的服务供给不太满意。可以看到，国内大部分的全民健身公共服务平台，少有专门设置一个赛事活动的专栏，更多的是将赛事信息穿插在体育新闻资讯之中。即便是专门设置了一个赛事活动专栏的全民健身公共服务平台，也只显示了近期比赛活动的简要信息，并未对信息进行分类、整理。如果在全民健身赛事活动信息的专栏中，为用户提供按项目和按时间分类浏览，如一个月分类浏览的功能，再加上显示点击量和内容类型，这样的赛事信息专栏将会是受群众喜爱的，也方便用户的使用。国内一些比较大型的体育网站，所提供的赛事活动信息一般都是围绕竞技体育展开的，很少提供全民健身赛事活动的信息。大部分的人希望在赛事活动信息专栏中加入大众性的活动信息，也有接近一半的人希望网站对国内外赛事信息的发布更加详细、更富有层次、更加丰满。另外，人们还希望得到除了竞技体育赛事以外的赛事活动信息，人们希望全民健身赛事活动信息专栏，可以提供大众随时随地方便参与的体育活动信息，以及所在城市的健身组织的活动信息。同时，也有人表示想要了解表演性、宣传性的体育活动信息。为了保障体育活动信息有较高的时效性，本书认为可以通过站外链接的方式拓展信息服务的供给，这样一方面可以使网站页面更加简洁、明了，另一方面可以使网站提供的信息更加全面、广泛。

（2）全民健身场地设施信息

人们只有对居住地周边的健身场地设施有所了解，才能更方便地开展体育运动。大部分人希望了解健身场地的收费情况，除此之外，人们还希望详细地了解体育健身场地的开放时间、设施情况、服务项目、优惠活动、实地环境图片等。地图类的基础数据库资源有利于人们获得生活服务和出行服务，利用地理信息系统来为群众提供全民健身设施场地的统计信息和实时使用信息，使用户了解全民健身设施和场地的具体位置、分布情况以及使用率，甚至通过缩放功能查看场地的周边情况，这种个性化需求服务是提高用户体验的重要渠道。

有人认为，哪怕是能够提供全民健身设施场地实时信息的全民健身公共信息服务网站，还是做得不够好，因为用户只能通过网站了解地图信息，设施场地所对应的运动项目和受欢迎程度，却无法按照消费水平和距离远近对地图信息进行筛选。因此，完善消费水平、距离远近等排列检索功能也是非常必要的。

另外，在全民健身公共信息服务网站提供的地图信息中，有很多场地和设施的信息是不够完善的，甚至与实际情况不相符。这就要求网站后台人员认真审核等待发布的全民健身设施、场地的信息，最好利用第三方互联网平台方便用户了解动态信息和大众化信息，方便用户对信息进行反馈，这样一来，全民健身公共信息服务网站的用户不再单纯是信息服务的消费者，而是提供者和监督者，这有利于信息资源的创新与共享，以及问题的互助解答与用户群体的互动。全民健身公共信息服务网站还应当使群众使用的手机、iPad等终端与全民健身场地设施信息进行连接，并与其他生活服务类的网站相融合，促使各方的联系更加紧密。还可以提高全民健身设施服务的智能化程度，提供数字化的健身中心，以更多种形式为群众提供信息服务，使人们热衷于利用全民健身公共信息服务网站来获取信息，从而促进人们的全民健身消费行为。

（3）全民健身指导服务信息

为用户提供数字化的全民健身指导服务信息，使用户的健身行为更加科学、更加合理，使用户的健身行为发展成一种习惯。应当在全民健身公共信息服务网站上完善社会体育指导员信息管理系统，建设一个相应的基础服务平台。通过互联网，为群众提供大众化、多样性、细微贴合群众实际需求的全民健身指导服务信息，使城乡居民的体育生活智能化、数字化、合理化。在群众进行全民健身活动时，社会体育指导员的作用是非常大的，每个居民的健身指导需求都不一样，人们需要有相对应的体育指导。在全民健身中，人们希望得到专业性的体育技术指导，也希望得到体育锻炼计划方案设计的指导，希望了解自己喜爱体育项目的健身原理。全民健身公共信息服务网站必须要提供指导服务功能模块，并且要注重所提供信息的专业性、权威性、通俗性，方便用户学习、实践。此功能模块也应当对所提供信息进行分类整理，方便用户根据技术指导、健身理论、锻炼方案等门类进行浏览。其中，网站提供的锻炼方案必须具有层次性和针对性，让用户真正获得有效的体育指导，以制订出训练计划，并进行有效实施。需要注意的是，全民健身指导服务信息的形式要多样，要突破文字和静态图片的形式，加入动画、视频、声音等形式，最好在动态画面中给予真人示范的指导，并提供相应资源的下载。还应开通一个交流平台，使人们能够在网站平台上进行健身咨询和健身体验的分享与反馈。

（4）全民健身知识服务信息

当前，河南省部分群众缺乏科学的健身观念，很容易陷入体育健身的误区。在全民健身公共信息服务网站上提供全民健身知识服务，有利于人们提升健身意识，更加科学、客观地看待体育健身。目前，一些全民健身网站已经开设健康知识专栏。全民健身公共信息服务网站提供大众化的健身科学知识以及健康教育知识等信息是非常必要的。河南省应当培养专门的信息编排人员，从而为用户提供更加贴合的需求，以及具有个性化和创新性的全民健身知识服务信息。健康知识的普及依赖于健康信息的传递，因此，可以设置专题、专栏等为用户提供有关信息。在这些专题、专栏的文章中，人们想要轻松快捷地了解自己所需要的信息，就需要网站对文章进行标签分类，使人们可以通过主题搜索获得相应的文章。全民健身知识如果能够普及开来，全民健身运动工作的开展必定会收获更好的效果。全民健身知识信息资源的来源是多方面的，覆盖社会生活的各个领域，对信息进行筛选、组织，必须选取权威性更高的信息，这样才能使网站提供的信息具有更高的认可度，从而提高传播效果。因此，全民健身公共信息服务网站在提供全民健身知识信息时，要对信息的质量进行严格把关，并实行分级管制和后台审核制，以保证用户获得的是权威、准确、可信的全民健身知识。

（5）全民健身体质监测信息

有的全民健身公共服务网站在提供全民健身体质监测信息时，将其归类于科学健身知识的板块之下，这显然不合理。全民健身体质监测信息不是常识，也不是单纯的新闻数据，它具有更加深刻的意义和功能。在全民健身体质监测信息板块中，人们可以了解国外体育研究成果，权威的监测数据，体制监测的测定方法，还可以对自己感兴趣的问题进行咨询。全民健身体质监测信息向网络化、科学化的方向发展，有利于拓展体质健康管理的服务面。比较理想的全民健身公共信息服务网站能够提供民众在线的体质自助监测，并根据监测结果给予相应的健康处方建议。还可以在网站页面提供体育科学研究所、世界卫生组织等网站的链接，方便用户浏览有关信息。有条件的全民健身公共信息服务网站还可以提供体质监测手机 App 的下载资源，使用户获得在线体质监测的途径，这样一来，越来越多的用户就能够轻松了解自己的体质情况，及时地作出改善健康状况的计划。

二、构建河南全民健身的体育生态

智能体育本身是一个集合多主体、要素及相互关系的高度开放、彼此影响、可持续发展的完整生态，其中诸多困境的出现源于生态建设不够完善，如各要素不能良好融合、各主体不能彼此协同、生态环境不健全或环境污染等。因此，牢筑体育生态无疑是突破体育困境的有效路径之一。

（一）生态建设推动多主体协同

牢筑体育生态体现在多主体协同合作上。体育发展不能仅依靠河南省政府"独轮驱动"，还需要政府、市场、社会大众等多主体力量的支持。政府力量虽然具备在短时间内集中强化体育发展的优势条件，但也具有短板和弱项。特别在市场经济时代，更强调市场主体自主决策、自主运营，使市场机制有效发挥作用。多主体参与强调在现有体系与能力持续发挥作用的同时，积极发挥市场等主体在资源配置中的作用，发挥各自优势，实现多方携手、合作共赢。作为体育发展之路的同行者，市场、用户等主体地位日益明确；政府向体育发展引导者、标准制定者、监督执行者的角色转变；企业秉承公平竞争、诚信自律的原则，积极推动体育产品服务创新，为体育发展注入活力；公众不断提升体育认知水平与消费理念，积极参与体育运动，表达自身诉求。角色地位的明确使各主体职责权利划分清晰，既不越位也不缺位，共同推动体育持续、稳定发展。

多主体的参与使各方主体的统筹协调成为必然，以求通过高度的分工与精细化合作，形成细腻的关联关系，进而形成稳定的利益联合体。利益联合体的建立，需要做到以下三点：一是尊重利益相关者，二是鼓励合作伙伴、服务合作伙伴，三是让更多主体参与到体育运动当中。利益共同体建立强调的是共享精神，其突出表现之一在于体育平台化，即将各主体集合于同一平台，实现透明化、无障碍的信息共享与交流沟通。利益联合体的出现，使主体与主体之间形成网状的价值关联，不同体育产业链上的主体形成资源共享、优势互补的关系，有效避免不同部门、不同主体间信息不对称、沟通不畅等局面的发生，及由此可能造成的多重困境。

（二）生态建设实现多元素融合

河南省全民健身牢筑体育生态，还体现在多元素融合上。体育本身便具有多元价值，与政治、经济、文化、社会等多体系密切相连。智能体育的建设与发展，更是关系到经济结构调整与产业升级，关系到综合国力的提升，以及人与自然的和谐发展。

多元素的融合是智能体育的重要特征之一，可以启迪体育产生更多突破的思路，发展维度更多样，可利用资源空间更广阔，对人才吸纳、服务创新、参与扩容等多方面均是有益的。例如，将体育融入河南省的各个社区，把个性化的运动游乐方式融入公众生活空间，让无处不在的运动因子与公众生活紧密相连，使河南省全民参与锻炼，共享快乐健康；将体育与商业体验相融合，可以创造体育综合体的全新形态，形成以运动为轴心，兼具体育运动功能与独一无二的功能型商业休闲体验；将体育与教育相融合，形成体育教育这一全新业态，既有利于体育人才培养，又推动体育真正走向校园，提升体育运动影响力、感召力。

（三）实现体育产业融合

智能体育生态相比传统体育生态，包含更多主体、要素，外延更为广泛。突出表现在诸多体育外领域产业与体育开始建立密切联系，通过在更大范围、更深程度上与相关产业的融合，为体育带来一系列新业态、新市场、新理念、新模式，实现体育内外部资源的充分整合。

产业融合是技术进步与产业扩张的必然产物，特别在当今信息技术高速发展、经济全球化稳步推进的背景下，产业间相互渗透、相互交叉、相互作用的特征日益凸显，逐渐成为一种常态。体育产业本身具有发展潜力大、辐射范围广、附加值高、带动作用强等特征，具备与多产业交互融合的内在属性，容易形成产业融合的状态。同时，在多元化、合作性产业经济发展理念的推动下，体育产业更是踏上主动寻求与体育外领域产业融合之路，以实现更广阔的发展空间。

从产业融合的角度看，智能体育生态的构建是一个通过多主体、要素间建立联系，使整个系统实现资源共享的一体化运转过程。生态的构建需要挖掘不同主体、要素间的通用性。通用性的存在使体育产业与其他产业之间建立多样化联系，使产业间的界限趋于模糊，进而通过技术融合、业务融合、市场融合等多种融合方式，形成一个整体。这种通用性体现在对共同资源要素的应用上。例如，大型体育场馆可以用于举办体育赛事，可以进行文化表演，甚至可以成为休闲旅游目的地，其将体育、文化、旅游多个产业联系起来。这种通用性，还体现在目标消费群体的一致性上，即用户的需求将各产业紧密联系在一起，形成以用户为中心的完整系统。例如，用户参与体育运动既有实现预防疾病、强身健体的需求，又有欣赏精彩赛事的娱乐需求，也有观光休闲的需求，由此便将体育与医疗、文化、旅游等产业有机地结合在一起。

与智能体育生态相似，体育产业融合的逻辑出发点在于满足用户的需求。用户对体育运动的多元化需求，促使体育产业积极探索多元化的服务与产品，走上通过产业间的功能互补和产业价值链延伸的融合发展之路。一方面，产业融合聚焦更多、更高层次体育用户需求，创造了许多新产品、新服务，拉动体育产业结构优化升级。另一方面，产业融合为体育产业创造更高的附加值与更广的利润空间，激发更多市场机遇，促进新主体加入。随着新主体的不断涌入，传统业务与市场的边界变得模糊，多产业、多主体、多要素形成共同的技术与市场基础，改变了传统体育生态的范畴与内涵。

产业融合是一个多层面、多内容的融合过程，其实现基于体育本体所具有的通用性属性，在政策、经济、文化等诸多外在动力的作用下，形成产业间的渗透、延伸和重组，并与体育生态相似，遵循解构与重构的基本构建逻辑，即产业链中某些环节与原产业链分解，形成相对独立的"价值活动单元"，再通过技术、业务和市场路径进行截取与重构，形成新的体育融合业态。其中，技术融合、业务融合、市场融合是体育产业融合的三条基本路径。技术融合指体育与产业共享相似技术，是产业融合的基础与最直接条件。业务融合指体育与产业进行产业链重构与模式创新，是产业融合的核心与关键。市场融合指通过对新需求相适应的融合型产品的市场供应，取得较大竞争优势的结果，是实现体育与产业融合的最终结果，标志着新业态的诞生。三条路径相互衔接、相互促进、共同实现，合力推进体育融合新业态的整个过程。

由于各产业间存在一定的差异，河南省体育产业融合的模式也十分多元与立体。一般来说，具有渗透式融合、延伸式融合、互补式融合、重组式融合四种模式。其中，渗透式融合指在技术创新等作用的推动下，将原属于不同产业环节、元素渗透到某一产业中，形成相互交融的新型产业形态。例如，信息技术与体育产业相融合，衍生出丰富的互联网互动与应用，使传统体育场馆经过信息化渗透升级为智慧场馆，将体育用品制造智能化升级为智慧运动设备产业。延伸式融合指产业基于市场、服务、渠道三个方面，从供给与需求两端出发，寻求可能的融合路径。例如，以用户共性需求为切入点，在充分发挥体育产业，促进健康核心功能的同时，拓展旅游产业发展方式，使体育与旅游两大产业发展相得益彰，催生体育旅游新生态。互补式融合指在政策、管制、法律层面，打破各部门间障碍，将文化、休闲、健康、旅游等多领域元素融入体育产业，扩大体育产业发展空间。

重组式融合指体育产业内部各子行业间，通过上下游产业链重组结为一体。例如，将体育竞赛表演业、体育场馆服务业、体育中介培训业，重组融合形成新的体育健身休闲服务产业。

河南体育产业融合在融合赋予体育产业新的附加功能及更强产业竞争力的同时，也促进相关产业的发展。最为突出的是体育与旅游、医疗、文化、养老、金融等领域的联系日趋紧密，形成体育旅游、体育医疗等"体育+"跨业融合的新业态（图5-4-3）。这一全新业态是智能体育生态的重要组成部分，它的出现使体育生态的内涵和外延不断丰富拓展，使其多面性、混合性和包容性得以彰显。由此可见，体育产业融合与智能体育生态构建之间具有十分密切的联系。

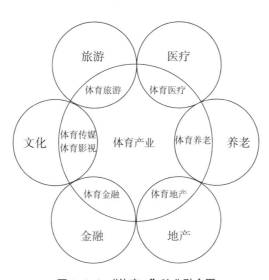

图 5-4-3 "体育+"跨业融合图

三、构建河南全民健身的组织管理

（一）全民健身的科学化管理

1. 全民健身观念与活动推广

（1）政府引导

我国国家和政府部门都高度重视群众体育的发展，强调全民健身工作一定要围绕党和政府的中心任务，服从国家利益，从全局出发，不断解放思想，与时俱进，做好全民健身工作的改革、创新与发展。

随着我国国民经济稳步增长，产业结构不断优化和升级，居民消费水平日益提高，在这样的背景下，人民群众开始追求更高质量的生活。

现今，随着人们生活水平的提高，余暇时间也增多了，人们的工作状态和休闲状态逐步分离，工作观和休闲观也开始转变。健康的理念越来越受到认可，使得全民健身理念深入人心。

（2）媒体宣传

如前面所述，全民健身的持续推进离不开广大人民群众的关注、参与，在引领广大人民群众思想与社会文化发展方面，除了政策引导外，媒体宣传也发挥着重要作用。想要持续吸引更多的人参与到全民健身中来，必须加强媒体健身宣传。我国媒体对全民健身的宣传与推广主要有以下几种形式：

①传统媒体推广。传统媒体主要是通过广播和电视传播信息，在信息宣传上给人更加直观的感受，可以通过语言传递体育信息与资讯，增强群众的兴趣度和信任度。缺点是不利于信息保存。

②纸质媒体推广。报刊、书籍、宣传彩页等都属于纸质媒体，通过纸质媒体宣传全民健身，具有重复观看、反复阅读的特点。就目前我国大众的社会参与与关注习惯来说，纸质媒体的缺点是受众面较窄，订阅报纸的人大多为事业单位、老年人群，即便是这些机构和人群也很少专门订阅体育类报刊，从报刊了解体育信息多通过报刊中的专栏，因此体育信息的覆盖面并不广。

此外，在农村以及社区的宣传栏中，也很少有专门的体育信息宣传，即使有，人们也不会驻足于宣传栏，很多老年人视力不佳，对纸媒体的信息接收量有限。

③网络推广。当前信息社会，互联网技术的发展促进了社会信息的传播，互联网是现代人获取信息的主要渠道。

网络媒体的受众多是年轻人，随着大众得到信息接收习惯的改变，老年人也学会了使用智能手机与软件，因此在新媒体时代，应该借助网络媒体宣传优势积极扩大全民健身宣传，吸引广大人民群众关注体育、参与体育。

网络媒体中有很多自媒体的存在，要加强对这些自媒体信息的审核，营造健康的社会体育环境。

（3）教育推进

全民健身的开展不仅要营造良好的社会体育环境与氛围，也要注重学校体育教育的发展。通过学校健康教育提高青少年学生的体育意识，帮助他们树立正确的体育健身观念，同时，通过学校体育健康教育培养未来的体育人口、社会体育指导员及体育方向各类人才。

2. 全民健身项目与活动内容开发

（1）全民健身群众体育项目开发

当前，群众体育活动开展得越来越多，体育运动健身项目内容大多是慢跑、健身舞蹈之类，具有很强的娱乐性与健身性，在社区群众体育方面老年女性参与人数更多。

要做好基层人民群众的体育健身动员与组织、管理，基层政府组织应深入人民群众中进行健身调查，了解什么时候开展群众性体育活动，开展何种规模，以什么形式开展最为合适，了解广大人民群众对日常健身活动主题的需求，对活动时间、活动内容与形式的需求等。基层组织通常是怎么组织更方便就怎么组织，开展全民健身活动考虑的形式多，研究内容少，只能照顾到少数人的体育需求，只是在形式上走得很好看，虽然阵容很强大，但实际上真正得到锻炼健身的不多，甚至有群众根本不知道本地区举办了何种群众性体育健身组织和指导活动，群众难受益。针对这种情况，要尽量做到使基层人民群众的体育项目的内容、形式开展得多样化，定期或不定期组织小规模健身活动，并重视结合节庆日开展主题体育健康教育与锻炼活动，同时开展广大人民群众喜闻乐见的体育健身项目。

（2）全民健身体育文化活动开发

我国体育文化底蕴深厚，全国各地的体育文化各具特色，并且体育课程的资源也非常丰富。绝大多数的体育文化活动内容都具有艺术性，很多民族传统体育文化活动将体育、艺术与音乐各个方面融合在一起，成为一种富有节律性的艺术活动。

我国民族体育文化活动，如民族体育运动会、民族体育文化节、民族体育活动表演等，有缓解压力、调节情绪的作用，也具有健身与娱乐价值，能很好地陶冶人们的情操。当前，我国丰富多彩的体育文化活动已经探索出体育与文化、经济的协调发展道路，促进了我国不同地区、民族的体育文化发展，也促进了我国多地区、多民族的人民参与体育。

（二）全民健身的活动经费管理

1. 经费来源渠道

（1）政府投入

一直以来，我国体育经费都是由政府提供的，政府对公共体育服务的经费支持是通过政府财政资金的专项拨款来实现的，如通过财政政策调整体育资源配置，对高消费体育娱乐项目多征税，对高雅体育项目少征税或免征税等。

在体育事业的发展投资上，政府的体育财政投入结构也在不断完善。2000—2007 年，我国体育事业经费结构如下：体育基本建设支出、教育基建支出、教育事业费、体育事业费、科学事业费、科技三项费用、行政事业单位离退休经费、社会保障补助支出、政府机关经费等、以及其他部门事业费。

后奥运时代，和以往相比，我国体育事业各项支出项目发生很大改变。我国群众体育费占体育事业支出比重经历了一个曲折发展时期，2008—2011 年呈下降态势，此后对广大人民群众的体育发展投资逐渐增多，呈现增长态势。投资结构如下：体育竞赛费、体育训练费、体育场馆费、群众体育费。

（2）体育彩票

体育彩票是我国面向全社会的一种公益性体育集资，多用于基层体育建设，是发展全民健身的重要经费来源之一。

（3）社会集资

社会集资以企业投资为主，是一种新的资源配置分配。全民健身持续推进需要更多的资金支持，加大社会筹资力度是筹集体育发展资金、推动体育长期发展、建立公共体育服务财政保障体系的有效途径。

2. 经费科学管理与使用

（1）树立综合平衡的思想

要持续推进全民健身发展，就必须充分认识到体育发展的公众性、公益性及在社会文明建设与国民素质提高方面的重要作用。要综合各方发展应做到以下两点：

①必须重视体育资金的渠道开发与资金管理，以科学发展观优化配置体育财政资金资源。

②对群众体育事业发展较好的地区、单位，中央财政应给予激励性奖励，并给予财政补贴。

（2）进一步发展体育彩票

体育彩票是国家筹措体育资金的一项有效措施，可吸收社会闲置资金。未来还要继续发挥体育彩票对全民健身工作开展的资金支持，开发多样化的体育彩票形式吸引社会零散资金筹措。

（3）加强经费管理监督

加大体育财政监督力度，促进财政信息公开、透明。

（4）创造良好的预算管理改革政策氛围和契机

通过立法的手段，逐步建立与完善各种体育政策、法规体系，建立健全体育财政监督制度，使社会体育活动的开展有法可依、有章可循。

（三）河南省全民健身指导员队伍的建设与管理

1. 全民健身指导员的职责与素养

（1）基本职责

河南省所培育的社会体育指导员应具备以下几个方面的职责：

①主动配合基层体育组织开展丰富多样的体育活动，通过各种方式带领广大人民群众积极参与全民健身活动。

②对广大人民群众的科学健身进行积极的指导，提高健身指导水平，从而为居民提供适宜的健身项目选择与参与指导，成为大众健身方面的良师益友。

③不断加强自身体育科学素养，通过自身健身知识识别和反对伪科学体育健身，并且及时介绍和引入新的健身理念和方法手段，提高体育指导能力。

（2）基本素质

作为体育指导员，应具备以下几个方面的基本素质：

①思想道德素质。体育指导员应加强提升民族体质的工作，同时还要有法制观念、道德修养以及高尚的事业心、责任心。

②体育价值观。体育指导员应树立正确的体育价值观，并向大众宣传正确的价值观。

③体能素质。体能水平是体育人力资源的必备基础，一个跑不快、跳不高、动作迟缓的人指导大家参与体育活动，显然不能得到被指导者的肯定，因此，良

好的体能是体育指导员的必备素质之一。

④技能素质。体育指导员不仅要具备良好的体能，还要有自己擅长的一项或几项体育运动项目。良好的技能水平可以提高体育指导员的威信，这样才有能力去指导具有一定运动水平与技能的体育运动健身者，更有利于体育指导工作的开展。

⑤科学文化素质。具体来说，体育指导员应了解相关体育组织历史、体育组织或体育项目的功勋教练员和运动员，以及著名体育赛事纪录、各项技术统计记录等。

良好的文化水平有助于塑造体育指导员自身的风格气质与整体形象，促进体育指导者自身的可持续发展。

⑥工作能力素质。体育指导员在指导广大人民群众的体育健身中，应具备良好的沟通能力、组织管理能力、锻炼指导能力、科学研究能力以及指导低等级社会体育指导员的能力等。

2. 全民健身指导员的管理

（1）体育指导员的认定

目前，执行全民健身中体育指导员职业技能鉴定工作主要有两个部门，即国家全民健身中体育指导员职业技能鉴定指导中心和全民健身中体育指导员职业技能鉴定所（站）。实行统一命题、定期鉴定制度。

（2）体育指导员的培训

在全民健身工作开展中，社会体育指导员"数量不断、质量不高"一直是制约全民健身持续发展的一个重要因素。当前和未来一段时间内，必须要加强体育指导员的培养。

全民健身中体育指导员的培养目的主要是提高指导员专业素质，使其更好地服务于全民健身中体育活动的组织与开展。

当前，我国全民健身中体育指导员分为以下四个等级：一是初级社会体育指导员，培训时间不少于150个标准课时；二是中级社会体育指导员，培训时间不少于120个标准课时；三是高级社会体育指导员，培训时间不少于90个标准课时；四是社会体育指导师，培训时间不少于60个标准课时。

（3）体育指导员的管理原则

①系统原则。从整体出发，通观全局，合理配置人力资源，鼓励人力资源的自由流动。

②目标原则。在重视体育管理人才自身发展的基础上，实现管理的整体优化。

③能级原则。明确体育指导员的责任，授予其职权，实时监督与反馈，人尽其能。

参考文献

[1] 韩晓明，乔凤杰．人工智能助力全民健身参与的基本逻辑、现实困境与突破路径 [J]．天津体育学院学报，2022，37（05）：559-565.

[2] 魏瑄．全民健身视角下智能体育与传统体育融合发展研究 [J]．当代体育科技，2022，12（27）：191-194.

[3] 梁楠楠，李亚玲．人工智能与体育融合发展历程、现状与展望 [J]．体育科技文献通报，2022，30（09）：199-202.

[4] 罗雪，吴润平．体育强国建设背景下构建现代体育产业体系的路径探讨 [J]．四川体育科学，2022，41（04）：108-112，137.

[5] 李北群．论教育政策的利益分析：必要性、框架及应用 [J]．江苏社会科学，2008（06）：210-214.

[6] 史琳，何强．智慧体育产业定位论析 [J]．冰雪体育创新研究，2022（02）：185-187.

[7] 黄海燕，刘蔚宇，陈雯雯，等．高质量发展背景下对数字体育、智能体育、智慧体育创新发展的思考 [J]．体育科研，2022，43（01）：1-7，20.

[8] 邱希，杜振巍．"健康中国 2030" 背景下全民健身与全民健康深度融合发展的基本态势及发展策略 [J]．武汉体育学院学报，2021，55（11）：41-49.

[9] 黄元骋，王红震．新时代智能体育与传统体育融合发展研究 [J]．沈阳体育学院学报，2021，40（05）：54-60.

[10] 郑家鲲．"十四五" 时期构建更高水平全民健身公共服务体系：机遇、挑战、任务与对策 [J]．体育科学，2021，41（07）：3-12.

[11] 梅莹．全民健身公共服务满意度影响因素及提升对策研究 [D]．上海：上海体育学院，2021.

[12] 陈佳宁．全民健身与全民健康融合的技术路径及治理策略 [D]．沈阳：沈阳体育学院，2021.

[13] 李帅帅，董芹芹，沈克印．我国智能体育应用的实践困境与推进策略 [J]. 体育文化导刊，2021（03）：21-27，95.

[14] 于迎冬．全民健身公共服务体系建设的研究 [J]. 中国市场，2021（07）：111-112.

[15] 邓峰，樊永锋．基于大数据挖掘和物联网的智能体育健康管理系统研究 [J]. 河南科技，2021，40（07）：14-17.

[16] 鲁志琴，陈林祥，任波．人工智能对我国体育产业发展的推动作用 [J]. 体育学研究，2021，35（01）：52-59，67.

[17] 原霄峰．我国全民健身政策的演变及影响研究 [D]. 兰州：兰州理工大学，2020.

[18] 袁新锋．公共体育服务质量影响因素与改进策略研究 [D]. 济南：山东大学，2020.

[19] 王翀．基于需求分析的全民健身中心空间要素策划研究 [D]. 广州：华南理工大学，2020.

[20] 张强．智慧体育场馆建设与应用研究 [D]. 苏州：苏州大学，2020.

[21] 周静芝，彭玉鑫，郑芳，等．智能体育发展研究 [J]. 浙江体育科学，2020，42（01）：25-31.

[22] 郑芳，徐伟康．我国智能体育：兴起、发展与对策研究 [J]. 体育科学，2019，39（12）：14-24.

[23] 于永慧．"全民健身"与"健康中国"的理论阐释和政策思考 [J]. 北京体育大学学报，2019，42（02）：25-35.

[24] 黄涛．基于物联网的智能体育场馆系统及其发展趋势研究 [J]. 体育世界（学术版），2018（08）：172-173.

[25] 全粤华，文嘉敏．全民健身视角下智能体育发展的研究 [J]. 运动精品，2018，37（04）：36-37.

[26] 许田宇．基于政策工具视角下中国全民健身计划（2016—2020 年）政策文本分析 [D]. 上海：上海师范大学，2018.

[27] 李凌睿．我国可穿戴智能体育设备市场发展现状分析 [J]. 劳动保障世界，2017（32）：56，68.

[28] 谭志华 . 关于高校开展智能体育项目的探讨 [D]. 长沙：湖南师范大学，
2011.

[29] 李大帅，裴宏亮，王建永 . 人工智能体育用品应用及市场竞争力提升研究 [J].
郑州师范教育，2022，11（04）：56-59.

[30] 付帅，董欣 . 城市体育公园智慧化发展价值、障碍与路径 [J]. 体育文化导刊，
2022（09）：14-20.